INTRODUCING WAGNER: A GRAPHIC GUIDE by MICHAEL WHITE AND KEVIN SCOTT

Copyright: text copyright©1995, 2013 Michael White; illustrations copyright©1995 Kevin Scott

This edition arranged with ICON BOOKS LTD.

through BIG APPLE AGENCY, INC.,LABUAN, MALAYSIA.

Simplified Chinese edition copyright:

2020 SDX JOINT PUBLISHING CO. LTD.

All rights reserved.

图画通识丛书
A Graphic Guide

瓦 格 纳

**Introducing
Wagner**

迈克尔·怀特（Michael White）/ 文

凯文·斯科特（Kevin Scott）/ 图

冷杉 / 译

Simplified Chinese Copyright © 2020 by SDX Joint Publishing Company.
All Rights Reserved.
本作品中文简体版权由生活·读书·新知三联书店所有。
未经许可,不得翻印。

图书在版编目(CIP)数据

瓦格纳/(英)迈克尔·怀特文;(英)凯文·斯科特图;
冷杉译.—北京:生活·读书·新知三联书店,2020.1
(图画通识丛书)
ISBN 978-7-108-06656-5

Ⅰ.①瓦… Ⅱ.①迈…②凯…③冷… Ⅲ.①瓦格纳(Wagner, Wilhelm Richard 1813-1883)-传记 Ⅳ.K835.165.76

中国版本图书馆CIP数据核字(2019)第167941号

责任编辑	周玖龄
装帧设计	张 红
责任校对	曹秋月
责任印制	徐 方
出版发行	生活·讀書·新知 三联书店
	(北京市东城区美术馆东街22号 100010)
网 址	www.sdxjpc.com
图 字	01-2018-7863
经 销	新华书店
印 刷	北京隆昌伟业印刷有限公司
版 次	2020年1月北京第1版
	2020年1月北京第1次印刷
开 本	787毫米×1092毫米 1/32 印张5.75
字 数	50千字 图171幅
印 数	0,001-8,000册
定 价	32.00元

(印装查询:01064002715;邮购查询:01084010542)

目 录

- 001 介绍瓦格纳
- 004 1. 他的歌剧
- 006 2. 他的思想……
- 008 3. 他这个人
- 010 瓦格纳的一生
- 020 青年日耳曼运动
- 027 《漂泊的荷兰人》(1840—1841)
- 030 《汤豪舍》(1842—1845)
- 032 《罗恩格林》(1845—1848)
- 038 革命(再次革命)
- 046 一个普遍的偏见
- 050 翻身解放与自我提升的时代
- 052 瓦格纳反历史……
- 054 无穷无尽的旋律与主导动机
- 059 《特里斯坦与伊索尔德》(1854—约1859)
- 079 《纽伦堡的名歌手》(1861—1867)
- 087 柯西玛
- 096 《莱茵的黄金》(1851—1856)
- 104 《女武神》(1851—1856)
- 112 《齐格弗里德》(1851—1869)
- 118 《众神的黄昏》(1848—1874)
- 128 (1)《尼伯龙根的指环》作为对资本主义的一种批判
- 129 (2)《尼伯龙根的指环》作为叔本华式的悲观主义
- 130 (3)《尼伯龙根的指环》作为对灵魂(或心智)的探索
- 151 《帕西法尔》
- 167 啥?瓦格纳的东西……有益健康?
- 168 瓦格纳年表
- 174 延伸阅读

介绍瓦格纳

有贝多芬和理夏
·瓦格纳；然后就
人了。
——古斯塔夫·马勒

无论你走到哪儿，总有人问你："您如何看理夏德·瓦格纳？"
——卡尔·马克思

（瓦格纳）也许是有史以来最伟大的天才。
——W. H. 奥登

他碰触到什么，什么染病，他让音乐也染上病了。
——弗里德里希·尼采

在瓦格纳伟大的魔力面前，我们大多数人都毫无抵抗力，除了自欺欺人地崇拜他、在剧院里狂喜地说痴话之外，不知如何是好。在他面前我们是那么可怜无助。
——乔治·萧伯纳

（瓦格纳制造的）这种声音是那么做作、乏味、无灵魂，像没完没了的打油诗。在所有我曾经忍受过的噪音中，他这种空虚的永恒之声是最要命的。

——约翰·罗斯金

据说除了拿破仑和耶稣基督之外,有关理夏德·瓦格纳的书超过了历史上的任何人。无论这是不是事实,有一点是不争的:没有其他艺术家像瓦格纳这样以这种方式主宰着现代文化史……也很难想象有人像他那样激起两种如此极端的反应:

疯狂的崇拜

对应极端的憎恶

在以色列,瓦格纳的音乐实际上是禁演的,因为它让人联想到希特勒的**第三帝国**,偶有演出便激起民众抗议,也在以色列议会中引起争论。

而在拜罗伊特,瓦格纳稳坐仅次于上帝的皇位。

每年7月和8月,来自世界各地的朝圣者们齐聚拜罗伊特,参加每年一次只演出瓦格纳作品的拜罗伊特音乐节,向瓦格纳致敬。与任何世界性的宗教一样狂热,这是一种英雄崇拜,以 WAGNEROLATRY(瓦格纳偶像崇拜)著称。

为什么他如此被人热爱或憎恨呢?

1. 他的歌剧

瓦格纳共写了13部歌剧,其中10部位列人类艺术最高成就的名单——且不提序曲、歌曲、进行曲、交响曲、室内乐和交响诗。

> 他们要求大量的资源、预算和人声,而且搬上舞台的全是一人包揽的工程:我一向亲自给我的歌剧写剧本。

把它们比作一座座**大教堂**很贴切,因为它们的**规模**总是那么庞大。

托马斯·曼神魂颠倒地惊呼：奇迹啊！上天之作啊！对如此惊人的艺术现象，你找不出比这更好的形容了。纵观人类的全部艺术创造史，几乎没有任何其他艺术现象适用这样的描述，只有几座哥特式大教堂能与它们等量齐观。

2. 他的思想……

10卷的散文和自传文字，且不论好坏与否，对19世纪和20世纪的文化论争可谓产生了巨大的影响。瓦格纳的写作不光涉及美学文艺，还涉及宗教、政治、社会改革、科学、节食以及……种族。他是个坚定的反犹太主义者。

他的某些思想很是乌托邦，十分可笑，比如他认为，各种世界病（人类病）都能通过如下方法得到解决：

把北半球的人口迁到气候更温暖的地区，在那儿他们就不想吃肉了，就能坚定地信奉素食主义了。

他的另一些思想则很不祥:

> 只有一事能把你们(犹太人)从诅咒的重负下拯救出来……那就是毁灭!

瓦格纳的音乐可能确实是被纳粹利用了,但不能因为希特勒盗取了瓦格纳的曲调就指责瓦格纳。尽管如此,瓦格纳的**思想**还是为希特勒灭绝犹太人赤裸裸地献上了大礼,对此很需要做一番解释……后面我们会看到。

瓦格纳还:

预示了**西格蒙德·弗洛伊德**对人类潜意识力量所做的精神分析探研(瓦格纳的歌剧在心理学被发明之前就解析了心理学)。

早在现代人类学家**克洛德·列维-斯特劳斯**之前就探索了神话在艺术中的重要意义。

为诸艺术门类及其在社会中的作用制定了一套全新的系统,它不仅将影响一代又一代的音乐家,还将影响一代又一代的作家、画家和剧作家(在某些案例中不仅是影响了,而且是左右或支配了)。

说瓦格纳实际上**发明了现代艺术**,可能绝不是危言耸听。

咱们走着瞧!

3. 他这个人

瓦格纳是个很有个人魅力的人物，很早就为自己的流芳百世做足了功课。他 29 岁就开始写自传草稿（22 岁就开始写笔记），然后写出《与我的朋友们沟通交流》，最后写出了《我的一生》。这些叙述杜撰了所谓瓦格纳**神话**，把自己说成弥赛亚式的艺术英雄，实则歪曲了事实。

事实上，瓦格纳是个自负傲慢、爱操纵别人、以自我为中心的人。他利用了崇拜者们对他的忠诚。崇拜者们认为他是天才，可以不按世俗常规行事。

作为一名艺术家，我经历过无数艰难困苦，这使我获得了优于别人的权利，把我升华到远高于世俗的高度，并把我造就成一个内心神圣的超人。

评论家们怎么看待这一切呢？这要取决于瓦格纳的作品、思想理念和生活经历能在多大程度上被分门别类地加以拆解并被分别、单独地加以考虑。如果不考虑别的，瓦格纳留给人们的遗产就是：**伟大的艺术家不一定具有伟大的人格**，他到底伟不伟大，常常是需要倾听他最大的粉丝的特别申辩的。

我发现纳粹主义的因素不仅体现在瓦格纳令人质疑的文学中，而且体现在他的音乐和艺术创作中……可即便如此，我还是那么热爱他的创作。即使到了今天，我还是一听到他的音乐就激动得不能自持，深深地受到感染。

托马斯·曼（1875—1955）

瓦格纳的一生

瓦格纳的一生中有大量时间在颠沛流离——躲避债主、政府的通缉迫害和被戴了绿帽子的丈夫。

瓦格纳 1813 年出生在莱比锡,与他伟大的歌剧竞争对手朱塞佩·威尔第在同一年出生。那时的人们更有可能因拿破仑在莱比锡战役中被打败而记住 1813 年。

莱比锡那时是欧洲的一个音乐之都,以 J. S. 巴赫和费利克斯·门德尔松的家乡闻名天下。小理夏德·瓦格纳在托马斯教堂接受了洗礼,并在托马斯学校就读。巴赫曾是这所学校唱诗班的指挥。

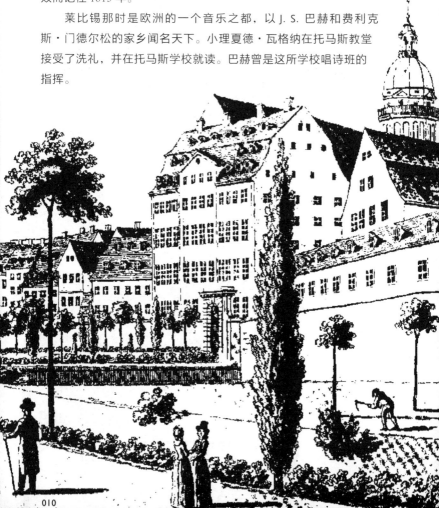

瓦格纳的母亲嘛……名叫约翰娜·罗西娜·瓦格纳（父姓叫佩茨）（1774—1848），毫无疑问是个堕落的女人，一个德国小贵族的前情妇。当瓦格纳长大后开始写歌剧时，剧中出现过那么多没有父亲的孩子，这可能意味深长……

……男人把他们深爱的女人想象为母亲。

在瓦格纳的大部分童年时光里，他实际上是不被叫作理夏德·瓦格纳的，而是被叫作理夏德·盖耶尔。时至今日，他父母的来历仍是不甚明朗。他的法定父亲卡尔·瓦格纳在他年仅半岁时就死了。接着他就被一个名叫路德维希·盖耶尔的人迅速收养，快得让人生疑，此人可能才是瓦格纳真正的父亲。但在小理夏德八岁的时候，盖耶尔也死了。

路德维希·盖耶尔（1779—1821） 是一个演员，相应地也影响了他的家人。他家的7个孩子中最终有5个从事了和剧院有关的职业。

戏剧是小理夏德的"初恋"，一俟从事他就要做到底，而且他立意还很高，满脑子都是**雄才大略**。

才14岁他就写了一部史诗悲剧……

根据（莎士比亚的戏剧）《哈姆雷特》和《李尔王》构筑！全剧有42个人先后死去，我要被迫把他们中的大多数以鬼魂的形式再现，不然我的最后一幕就会出现角色短缺。

音乐只是他的戏剧雄心中的一个附属品,而他接受的音乐教育很不系统……愁闷中他发现了

路德维希·凡·贝多芬(1770—1827)

贝多芬成了他痴迷的对象,贝多芬的音乐不断在他头脑中唤起他后来所称的"狂喜的景象"。

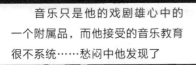

尤其是,贝多芬的**《第九交响曲》**把他弄得心醉神迷,其"纯粹的"管弦乐与诗性唱词的融合使他魂不守舍、如醉如痴。

这种融合的结果必定是未来的艺术之作,舍此别无他物!贝多芬已为未来艺术锻造了开门的钥匙。

在瓦格纳其后的人生里,他一直宣称贝多芬的《第九交响曲》是自己创作歌剧的一个关键的灵感来源。在拜罗伊特剧院的正式启用仪式上就演奏了这部交响曲。

瓦格纳一向是很有历史眼光的,他积极鼓吹一个观点:他自己才是贝多芬的天然继承人。

对瓦格纳的其他早期影响还有奇幻曼妙的**魔幻歌剧**，这种歌剧在维也纳的戏剧传统中占据显著的地位。莫扎特的**《魔笛》**（1791）就是其中的佳作，其他有影响的还有一些超自然的歌剧，如卡尔·玛利亚·冯·威伯的**《魔弹射手》**（1821）和海因里希·马施纳的**《吸血鬼》**（1828）。沉浸在这些歌剧中，青少年瓦格纳开始创作一部歌剧**《婚礼》**，但很快就放弃了它。

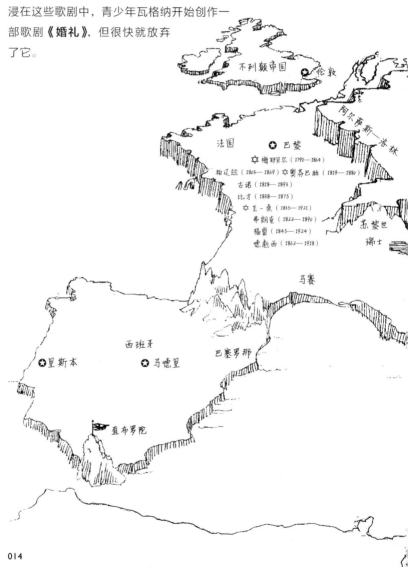

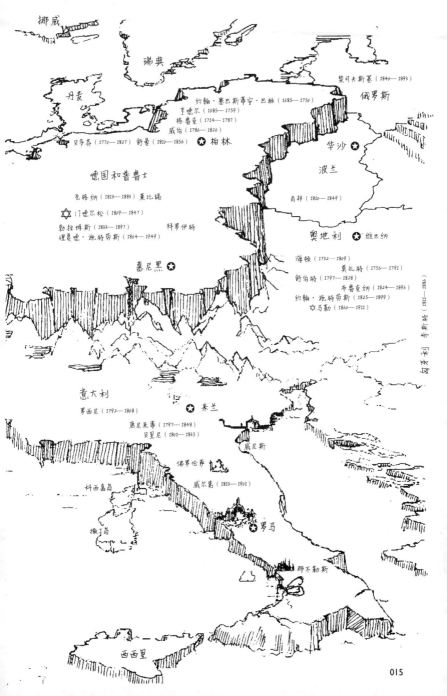

但在翌年他19岁的时候,他的职业生涯正式开始了,他从事了一连串与剧院有关的工作中的第一件,在偏远小城维尔茨堡担任了合唱队的指挥。这一连串与剧院有关的工作等于让他把德国剧院的整个公务员般的等级制度过了一遍。他也从维尔茨堡一路做到马格德堡、柯尼斯堡、里加……一边辗转一边创作他所谓的"笨拙的青涩时期"的歌剧。

"笨拙的青涩时期"的歌剧共有3部:
《仙女》《爱情的禁令》和《黎恩济》。

1836年，瓦格纳娶了女演员**明娜·普拉纳**（1809—1866）为妻。两人关系很快蜕变为一场相互不忠、背叛（结婚不到半年明娜就第一次离家出走）和满欧洲追击对方的闹剧。

在其一生中，瓦格纳找到了一个无爱婚姻的绝佳实例，无爱婚姻是他的歌剧的一个重要特色。

柯尼斯堡
柏林
里加 999公里
维尔茨堡
科罗伊特
慕尼黑
维也纳

《仙女》创作于 1833 年至 1834 年，是瓦格纳完成的第一部歌剧，它浸透着威伯式的德国浪漫奇幻。从音乐角度讲它平淡无奇，所用的音乐语言不久便遭到瓦格纳废弃。但是它的剧情引入了瓦格纳的三个理念，这三个理念在他后来的创作中一再出现，它们是：

* 一定不能问的问题

* 救赎

* 变形

一个世间凡人爱上了一个仙女并答应不问她到底是谁、来自何方。可是他的好奇心战胜了他，最终他问了，结果便失去了她（如同 C. W. 格鲁克在 1762 年写的歌剧《奥菲欧与尤莉迪丝》的情形一样，但是瓦格纳在 1848 年写的歌剧《罗恩格林》在这方面更具重要性）：她变成了一尊石头雕像。

但是，事实证明他的爱力量太强大了，以至于这力量竟然把她从石雕的命运中解救出来，他也因此羽化成仙，赢得了和她一样的永生性（同莫扎特在 1791 年写的《魔笛》一样，也与瓦格纳后来写的《漂泊的荷兰人》一样）。

《爱情的禁令》(1835—1836)是瓦格纳第一部正式公演的歌剧。

而《仙女》在他的一生中都没有正式公演。它有过一次灾难性的演出，演它的歌剧团因此而倒闭。

《爱情的禁令》的音乐是意大利化的。瓦格纳当时发现了**文森佐·贝里尼**(1801—1835)的"美声"歌剧，并且居然谴责起相对迂腐呆板的日耳曼条顿风格来……

这部歌剧的故事借鉴了莎士比亚的《一报还一报》，剧情轻佻琐碎且喜剧化：一位国家元首禁止在本国有爱情和性爱，但他自己却爱上了女人，从而揭露了他的虚伪。

但它的潜台词却是一个哲学观点（这也是瓦格纳的作品第一次表明这一观点）：

（公民的）享乐自由主义（或享乐自由意志论）……

青年日耳曼运动

摒弃资产阶级（中产阶级）道德伦理的各种禁忌和压抑，主张人性的天然自由和释放欲望。瓦格纳为了给自己的婚外乱行找近便的理由，使之合理化，便在他后来的歌剧中轮番使用"青年日耳曼运动"这一思维。在这些歌剧中，婚姻通常与呆滞、迂腐、平淡的关系画等号，与非传统的"野合"的刺激和狂喜形成鲜明对比。

《黎恩济》

（1838—1840）

黎恩济是一位弥赛亚式的古罗马护民官，他不惜一切地净化罗马，清除其"堕落的"本质——这个形容词在 100 年后的第三帝国获得了更为明确的反响。

> 它就在那一时刻开始了。

阿道夫·希特勒
把自己视为一位黎恩济，还把自己清洗世界的奋斗的开端归功于他在 1906 年观看的一场《黎恩济》的演出。

在希特勒的个人收藏中，就有瓦格纳《黎恩济》的全剧总谱的手稿，但现在遗失了。它很可能毁在了希特勒的柏林地下掩体的废墟中。

《黎恩济》的未删节原版是瓦格纳所有歌剧中最长的一部。这部有关古罗马的史诗般歌剧以其浩大的军队行进队伍、盛大的群众场面和大型芭蕾舞著称,首场演出就用了 6 个小时。

这是瓦格纳的第一次成功,使他顿时名噪欧洲。

但是瓦格纳也是一个公认的黎恩济;还在创作这部歌剧的时候,他的奋斗就开始了。

瓦格纳为自己杜撰了一个神话，其核心就是所谓"艺术家－英雄"的观念，这样的人，其天才必须不惜一切代价地加以满足、放任。

与此同时，他开始债台高筑。

> ……一个虽然贪婪却温柔与好色得非同寻常的人必须得到阿谀奉承；若要我战胜艰难困苦，把我心中那个光怪陆离的梦幻世界创造出来，我就必须得到如上对待。

具体到瓦格纳，其花销是巨大的。他采用的是一个珠光宝气、雍容华贵的唯美主义审美家的姿态，一身绫罗绸缎，披金戴银，俨然一副历史人物的扮相（帽子是伦勃朗戴的款式）。

1863年，他雇用了一名维也纳的女帽设计制作者——贝尔塔·戈尔德瓦克，跟随他从一个城市到另一个城市，用天鹅绒把他的公寓套房布置得满满当当，装潢得宛若仙宫。

瓦格纳一向认为，支撑如此骄奢淫逸的生活方式的巨大开销当然要由崇拜者们来担负。

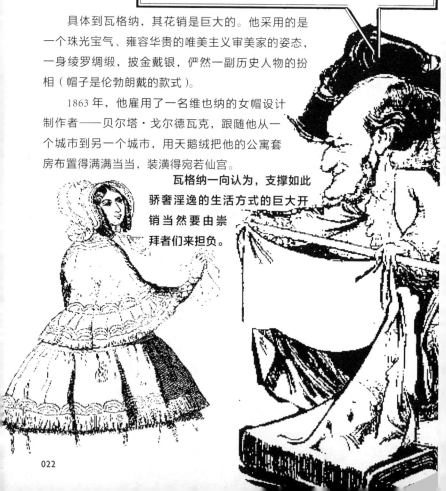

> 你只管放心好了，世上没有一个音乐出版商能满足你的要求。只有腰缠万贯的银行家或者富可敌国的亲王能满足你！
>
> ——瓦格纳的出版商弗兰茨·肖特

1839年在里加，眼瞅着债台高筑、囊空如洗，要付的账单一大堆，瓦格纳便趁着月黑风高夜逃离了里加，连护照也没有——被没收了——就躲避债主去了。

他带着明娜和一条爱犬踏上了一段怪异和可怕之旅（明娜在此过程中还流产了）。他被偷运出了国境，来到一个海港，乘船去了伦敦（途中遭遇了暴风雨，船被迫去了挪威一个港口避难。瓦格纳后来宣称此事是他创作《漂泊的荷兰人》的一个灵感来源）。

然后船驶向……

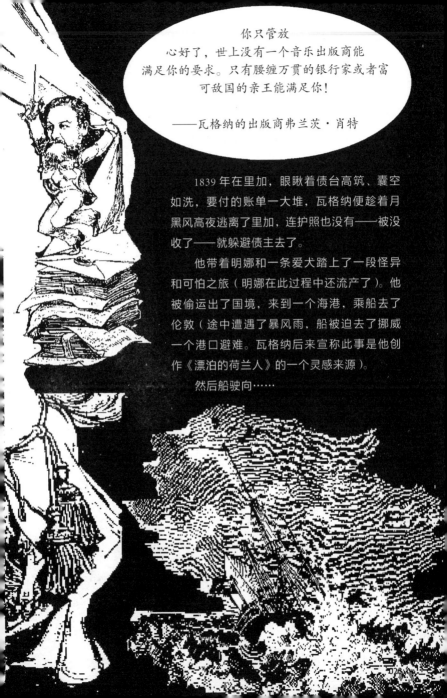

巴黎，这里是其后3年瓦格纳的居住地（1839—1842）。巴黎这3年是瓦格纳永远挥之不去的可怕记忆。在巴黎，瓦格纳贫困不堪，几度因为欠债差点被关进监狱，并蒙受自己的任何作品都不能在巴黎歌剧院上演所带来的羞辱。而巴黎歌剧院在19世纪中叶是全球歌剧业的中心。客居巴黎的这几年在他心中播下的仇恨的种子，后来长成了瓦格纳思想中最令人厌恶的东西——**民族主义的偏执和反犹太主义**。

除了始于把巴黎付之一炬的革命之外，我不相信任何其他类型的革命。……只有火疗才能象征把世界从一切腐朽堕落中解放出来。

为什么反对犹太人呢?因为当时垄断巴黎歌剧院的作曲家是**贾科莫·梅耶贝尔**(1791—1864),一个**犹太人**。

梅耶贝尔的飞黄腾达与瓦格纳的穷困潦倒形成鲜明对比。事实上,梅耶贝尔是欢迎瓦格纳到来的,并且尝试帮助他。可是瓦格纳正愁着不知把自己的困境归咎于谁呢,就不知好歹地认定巴黎歌剧院已成了以梅耶贝尔为首的一个犹太阴谋集团的贼窝。

当他假模假式地说要保护我时,他让我想起了我一生中最黑暗——可说是最邪恶——的时期:那是一个拉关系走后门暗箱操作的时期。

瓦格纳一生中从没停止过攻击梅耶贝尔,乐此不疲地说他是一切腐朽堕落的事物和二流艺术的化身。

但讽刺的是，场面宏大的《黎恩济》却显而易见是梅耶贝尔风格的歌剧，这是不争的事实。它虽然没有敲开巴黎歌剧院的大门，但最终在1842年被德累斯顿歌剧院接受。1842年是瓦格纳的运气出现戏剧性（虽然只是暂时的）转折的一年。瓦格纳在那年定居德累斯顿，其歌剧院不如巴黎歌剧院那么有名，但还可以。他一头扎进一连串德国浪漫主义歌剧的创作，完成了从"青涩时期"到他后来的伟大作品的过渡。这些伟大作品有《漂泊的荷兰人》《汤豪舍》和《罗恩格林》。

它们的共同点是，都取材自德国神话，或看似与德国神话有关的素材……

……它们的关键主题都是：

漂泊，流浪

救赎

和

变形

这些全都是典型的瓦格纳特点。

《漂泊的荷兰人》 (1840—1841)

是他的第一部公认的天才之作。在音乐上它与当时传统的大歌剧无异。然而它表明了瓦格纳开始更多关注他剧中人物的内心活动而不是外在生活。瓦格纳是在巴黎贫困交加的那几年创作这部歌剧的,因此他对剧中那个荷兰人的苦难特别感同身受。

实际上,它的故事来自一段英国传奇,最初发生在苏格兰——这部歌剧最初就是设定在苏格兰的,但在它首演(1843年在德累斯顿)之前,瓦格纳把剧中的一切都搬到了挪威。

剧中的那个荷兰人是个受到诅咒的水手,他被判永远在海上漂泊,除非他收获一个忠诚的女人的爱情。

结果这个女人是仙妲,她是个年轻的挪威女人,绝对忠贞不渝,乃至投身大海,牺牲自我完成救赎。

结果:这对有情人在天国极乐中终成眷属。

《汤豪舍》 （1842—1845）

取材于真正的德国神话，时间设定于理想化的中世纪，讴歌纯净、贞洁的爱情理想。瓦格纳不时地在艺术中讴歌这一理想——如果说在现实生活中不是这样的话。

汤豪舍是一个骑士，一方面，他在维纳斯堡纵情于（酒神）巴克斯式的狂欢，声色犬马，酒池肉林；另一方面，深爱他的伊丽莎白忠贞不渝地在家里苦等着他。

汤豪舍在这两者撕扯下简直要精神分裂了。

《罗恩格林》 （1845—1848）

是连接德国浪漫主义的瓦格纳与成熟的"乐剧"作曲家瓦格纳之间的一环。其后的瓦格纳歌剧便被称为"乐剧"了。这部歌剧里也有一个神秘的中世纪的日耳曼天地。

艾尔莎被控谋杀了她的兄弟。她梦想着能有一个骑士来捍卫她的清白。结果就真奇迹般地来了一个骑士（乘着由一只天鹅拉的一条小船），他为她而战，并同意娶她为妻，

条件是她不能问他是何人、从哪里来。

接受了恶毒的奥楚德的劝诱，艾尔莎在新婚之夜没能克制住自己的好奇心，问起了骑士的身世。

得到的回答是，他是圣杯骑士罗恩格林。在吐露了自己的身份之后，他就必须永别了。

婚姻就这样结束了。天鹅过来接他走。

但是另一个生离死别的奇迹发生了，天鹅变身为艾尔莎的兄弟，原来他被奥楚德施了魔法变成了天鹅。

艾尔莎瞬间崩溃，全无生命迹象。罗恩格林离去。

没等到《罗恩格林》如愿在德累斯顿首演,瓦格纳生活中迄今为止最大的危机就降临了,他被驱逐出了德国,流亡国外,一去就是12年。

那是在1848年,那一年在欧洲意味着——

革 命!!!

瓦格纳还是个小孩儿时,政治动乱就已经在他的生活环境里酝酿发酵了。那时拿破仑刚被打败,欧洲与德国的内部疆界刚刚被重新划定(不是很明确、稳定)。源起法国的动荡传遍整个欧洲大陆。

当1849年德累斯顿爆发革命时,瓦格纳被卷了进去,他散发无政府主义的小册子,还派发手榴弹。

于是有了逮捕他的通缉令。

我成了一个革命者,并确定每个有理想、有抱负的人都应该专注地关心政治。

瓦格纳的政治指向从来就没有很明确过。不过他显然深受俄国无政府主义者**米哈伊尔·巴枯宁**（1814—1876）的影响。此人是卡尔·马克思的一个竞争对手。瓦格纳很可能从没读过马克思的《共产党宣言》（出版于1848年），但是激进的社会主义的基本观点肯定钻进了他的脑海。

他赶紧带着他的老婆、狗和鹦鹉逃亡，先去了魏玛，向**弗朗茨·李斯特**（1811—1886）"敲诈"了一笔钱。他是在1840年认识李斯特的，当时李斯特是"大众明星"，世界闻名的炫技钢琴大师，以及影响深远的交响诗作曲家。

> 直觉告诉我，要把柯西玛看紧。

> 李斯特有两个女儿，其中一个叫柯西玛，当时才12岁。她将在瓦格纳后来的人生里扮演极重要的角色……

瓦格纳接着去了巴黎，然后去了苏黎世。

接下来在苏黎世的4年,是瓦格纳一生中水深火热的4年,这4年他没有作曲而是写了书。他做了大量思考,发表了一系列非凡的理论著作,在政治、文化、社会等方面阐明了他的观点立场,对19世纪中期欧洲的所有痼疾都有所谈及。

《艺术与革命》(1849)

《未来的艺术作品》(1849)

《音乐中的犹太主义》(1850)

《歌剧与戏剧》(1851)

《与我的朋友们沟通交流》(1851)

这些书都文笔笨拙,思路不连贯,逻辑欠佳,外表华丽,乌托邦式的理想主义,还倾向于通过误读、曲解历史来支撑他的观点。但是,这些观点本身还是很吸引人的,并且证明具有持久的——如果不是危险的——影响力。它们都大谈3个基本命题:

德国在危机中,世界在危机中,艺术在危机中。并且找到了一个共同的原因……源起于犹太人的世俗唯物主义……和一个共同的解决办法:

革命（再次革命）

所谓"德国危机"指的是，德国更多是个概念，而不是个实际存在。历史上从来就没有过一个单一的、统一的"德国"，只有一个神圣罗马帝国被划分为几百个公侯领地和城邦，然后被维也纳会议（1815）缩减为一个由39国组成的松散联盟，每个都强硬捍卫着自己的领土。

诗人**弗里德里希·席勒**（1759—1805）在1802年宣告了"德国意识"……

> 这是一个精神道德的整体，存在于一个民族的文化和性格之中，独立于一切政客把戏之外，超然于一切政治之上。

但在其后的半个世纪里，（德国）民族主义仍被视为在政治上具有颠覆性。

当《德意志高于一切》（海顿作曲，后来成为德国国歌）在1841年被首次歌唱时，日耳曼公侯们纷纷禁止它。

演奏《马赛曲》！！

可是海顿是奥地利人！

台下嘘声一片。

瓦格纳一生都鼓吹（德国）民族主义（或德国国家主义），但他的鼓吹有个特点：时强时弱，时时变化，取决于他经济来源的变更。19世纪60年代他在经济上仰仗巴伐利亚国王，那时他的世界观就理所当然地很巴伐利亚（地方性）。而当他在19世纪40年代沉浸在浪漫的中世纪精神中的时候，他的歌剧就蕴含着复仇性的德意志精神，并且很具有约翰·戈特利布·费希特思想的调门儿。

费希特（1762—1814）是（德国）民族主义文化的创始人，这一文化孕育了一个接一个的德意志帝国。

随着瓦格纳年龄的增长,他对民族文化的认同也越来越强烈。

哲学家**弗里德里希·尼采**(1844—1900)曾经是瓦格纳的狂热崇拜者,后来又激烈地反对他。尼采冷冷地谈到他:

瓦格纳与帝国碰巧同时到来,这是很有意义的事情,因为两者都要求同样的东西……服从与长腿。(瓦格纳是短腿。——译者)

我是最德国的德国人,我就是德意志精神!

《纽伦堡的名歌手》的结尾为"神圣的日耳曼艺术"做盛大祈祷。

普法战争点燃了德国人的爱国热情,我也卷入其中,寄给了俾斯麦一首赞歌,歌颂威廉一世皇帝在凡尔赛的加冕,以此来庆祝法国的战败:

"世上最高傲的皇冠,
曾从我们的身边被窃走,
如今戴在他光荣的头上,
以犒劳他的神圣功绩。"

那么，一位艺术家在这一切中的真正作用又是什么呢？

诗人**海因里希·海涅**（1797—1856）提供给瓦格纳一个答案。海涅是对瓦格纳产生主要影响的人物之一，他早在瓦格纳取材写同名歌剧之前就取材"汤豪舍""女武神"和"漂泊的荷兰人"这样的传说写下了不朽的诗篇。

瓦格纳的序列歌剧**《尼伯龙根的指环》**的最后一部的剧名《众神的黄昏》也来自海涅的诗篇。

都挺好的。十足德国的素材……只可惜海涅是个犹太人。

但是他也让瓦格纳警觉到了这样一种可能性：**艺术、神话和革命之间的关系问题**；其结果是，瓦格纳创造了如下的理论：

1. 德国人的麻烦是世界病的一部分，这种世界病是由世界的优先次序全部乱套这一事实造成的。

2. 世界已被资产阶级的物质主义所奴役，人类的制度（如婚姻）把一切都简化为财产和实用性，并且抑制爱情的自由交换（交流）。

3. 改变世界的优先次序的办法是通过**艺术**，这意味着重新确定艺术在社会中已失去的中心地位。

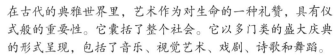

在古代的典雅世界里,艺术作为对生命的一种礼赞,具有仪式般的重要性。它囊括了整个社会。它以多门类的盛大庆典的形式呈现,包括了音乐、视觉艺术、戏剧、诗歌和舞蹈。

但是基督教的到来却鼓励人们超越现实生活去前瞻,去展望一种来世的福佑或极乐,于是艺术堕落成为一种娱乐消遣。歌剧现在成了一种时尚的奴隶。公众对它没有了需求,人们只想单纯得到消遣。

必须得有一种新型的艺术,由一位艺术家英雄(也就是瓦格纳自己)奉献给世界。这种艺术能实施到这个堕落世界的方方面面,作为一种**史诗疗法**治愈世界的病。

不过,这是犹太人作为人种的一次毁灭呢,还是犹太主义作为一种行为或文化模式的一次毁灭? 19 世纪的德国反犹主义者在多大程度上认为犹太主义是一个生物学问题而不是一个文化问题呢?这个一直搞不清楚。

但清楚的是,在这些反犹主义者中间是有一些"开明人士"的,这些人认为犹太人可以通过抛弃自己的文化背景得到救赎,因而这些人也就相应地支持犹太人解放运动。

比如,瓦格纳的好友、小说家**海因里希·劳伯**(1806—1884)就是其中一员。他说:

> **我们要么必须当野蛮人,把犹太人斩尽杀绝,要么必须把他们同化。**

劳伯在犹太人问题上对瓦格纳影响不小,使瓦格纳在 1848 年到 1850 年间对犹太人的态度强硬起来,并最终在《音乐中的犹太主义》一书中展露无遗。它是现代反犹主义史上的关键文献之一,瓦格纳最初是以 K. 弗莱格丹克这个笔名发表它的,时间是 1850 年。"弗莱格丹克"的德文意思是"自由思想"。

一个普遍的偏见

但是似乎很难把自由革命者瓦格纳与反犹太的瓦格纳整合起来。实际上在那时的文化大环境下,这两种立场不一定是矛盾冲突的。事实上,19世纪德国的许多最有影响力的革命宣传家都把犹太人当作敌方靶子加以攻击,他们的理由是犹太人的财力支撑起了资产阶级–资本主义的制度。

激进的哲学家雅各布·弗里斯在1816年号召……

终结这个犹太人的商业阶层。

而卡尔·马克思在其**《论犹太人问题》**(1844)中说犹太人是

资本主义的代理人。[1]

---

[1] 这两个人难道不也是犹太人吗? ——译者

当然，显而易见，富有的犹太人与德国王公贵族之间存在着经济联盟关系。所以，当这些公侯们镇压1848—1849年的革命起义且德国的统一事业似乎遭受失败时，犹太人就受到了口诛笔伐，被斥为反革命、自由的敌人。

这种看法早在**伊曼努尔·康德**（1724—1804）的早期著述中就有反映，引起他在经济层面上的共鸣。康德认为犹太人是个该受奴役的民族，他们深囿于自己的传统故步自封，并且没心没肺……

……这是个高利贷者比比皆是的民族……充满了迷信和巫术……比给他们提供住所的民族聪明、精明。

如何对待犹太人的问题始终存在。政治剧作家卡尔·古茨科夫（1811—1878）十分肯定地说：

犹太主义的寿命远比犹太人的寿命长。但其作用随着基督教的兴起而终结了。它所剩下的全部只是——自我毁灭……

这种表述也进入了瓦格纳自己的语言。

自我毁灭……是的，我喜欢这一毁灭的回声！

音乐中的犹太主义

在《音乐中的犹太主义》一书中,什么才是瓦格纳的中心议题呢?以下是他对犹太作曲家**费利克斯·门德尔松**(1809—1847)的评价:

> 门德尔松向我们表明,一个犹太人能具有最丰富多姿的天赋才华,能具有最广阔全面而又最精致优雅的文化修养,能具有最高层次、无可挑剔的人格完整性。但是,尽管如此,他还是不能提供给我们向艺术期待的那种深刻性,那种刻骨铭心、拷问心灵的体验。

换言之,在瓦格纳看来,犹太艺术(门德尔松的、梅耶贝尔的,以及所有那些在巴黎歌剧院受到人群追捧的)都是只有肤浅魅力的糖果蜜饯、奶油蛋糕。

> 无因之果,无源之水,无本之木。[1]

---

[1] 瓦格纳的本意是:只有浅表效果,缺乏思想深度,立意不高。——译者

在瓦格纳看来，犹太人的艺术只是一种局限在庸俗娱乐层面的艺术，犹太人用它来迎合、讨好他们所居住的社会环境。

犹太人总是试图让艺术具有淡漠的超然性，乃至到了琐碎小气和荒唐可笑的地步。在现代音乐中，我们注定要把这一犹太时期定性为一个极度停滞不前的时期。

什么叫"音乐中的犹太时期"？他在胡扯些什么？

听完瓦格纳这番言论，你会以为犹太人在他那个时代**垄断**了音乐。其实瓦格纳**夸大**了犹太人的能量，实际统计数字远不是这样。

瓦格纳另有烦恼，这烦恼疑似与出名度有关——一个落魄的自由撰稿作曲家嫉妒别人的成功。

翻身解放与自我提升的时代

贝多芬时代之前的音乐家和作曲家都是贵族和教会的雇佣。这种庇护人制度在培养依赖性的同时提供了一定程度的安全保障。拿破仑时代结束之后,音乐家开始以自由职业的演奏高手的新形象出现,他们迎合、取悦大众。这样的演奏大师兼作曲家有小提琴家**尼科罗·帕格尼尼**(1782—1840)和钢琴家弗朗茨·李斯特。两人都是极具个人魅力的大众娱乐明星,都有许多爱他们爱得死去活来的女粉丝簇拥左右。

> 你的成功取决于你如何把屁股优雅地摆在琴凳上!!

……现代摇滚明星(如埃尔维斯·普莱斯利和米克·雅戈尔)的前身恐怕非他们莫属了。肖邦和门德尔松是另外两个迷人的"超级明星"。

一个"**文化人翻身解放**"的新时代开始了。

自由市场的经济体系迫使艺术家提升自己,以创业者的身份参加自由竞争,竞争环境经常是残酷和不安全的。

而和自由市场竞争最紧密关联的那群人自然非犹太人莫属。

瓦格纳也是一个自由职业"创业者"。他经历过的一次典型的竞争发生在 1858 年,也就是他完成《特里斯坦与伊索尔德》的前一年。那一年见证了**雅克·奥芬巴赫**(1819—1880)的一部喜歌剧《地狱里的奥菲欧》的首演,演出获得了巨大成功。

这部歌剧有一支曲调至今为人们所熟悉和喜爱,就是舞女们高踢腿的康康舞曲,巴黎"红磨坊"的演出海报使它"流芳百世"了。

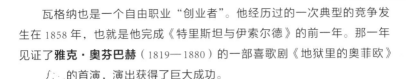

巧了,奥芬巴赫也是犹太人,不是吗?

看起来"犹太性"仿佛成了瓦格纳事事不如意的原因和替罪羊,仿佛是它阻挠瓦格纳占领大众娱乐市场似的。要想让自己真诚的革命艺术大行其道,瓦格纳就得努力奋斗去战胜并取代这种"犹太性"。

在瓦格纳自己的"乐剧"观成形、发展的同时,全欧洲正通过他憎恨的巴黎掀起一股追求浅薄浮华、嬉戏玩耍的狂潮,这股狂潮对"严肃"音乐及其理想构成了很大的威胁。

瓦格纳反历史……

所有这些在苏黎世写的、以疑似反犹太主义为核心的理论化论述,致使瓦格纳后来创作出他最伟大的舞台作品:《帕西法尔》《特里斯坦与伊索尔德》《纽伦堡的名歌手》以及《尼伯龙根的指环》。这些就是瓦格纳所说的"未来的艺术作品",他把它们作为对人类的文化拯救之作奉献给世界。

瓦格纳从不称它们为歌剧,他认为歌剧只是旧制度中梅耶贝尔式的娱乐把戏而已。他把自己的歌剧称为戏剧,或如音乐史给它们命名的那样,叫作"**音乐戏剧**",也就是乐剧。瓦格纳计划让它们超过所有以前的歌剧,无论在规模、强度还是在结构上。

瓦格纳创作的成熟乐剧完全打破了传统歌剧的实行标准（分为宣叙调、咏叹调、合唱、大合唱等模块），以及这些先决条件中最巴黎的那一个——舞蹈。瓦格纳在他最伟大的歌剧中去除了合唱数量的限制和芭蕾舞的"附带性"，把这些元素并入一个评论性质并对峙冲突的庞大整体。他的歌剧，音乐十分豪华"浪费"不用说了，但其"叙述"有其重点，一次集中在一个深刻的语句（或陈述）上，而且常常是冗长得惊人。

> 瓦格纳先生的歌剧有其美妙的时刻，但其糟糕的时刻多得多。

当时垄断着巴黎音乐舞台的**乔阿奇诺·罗西尼**（1792—1868）是个过渡性的作曲家，有助于给瓦格纳的革新发明铺路架桥。罗西尼以其喜歌剧著称，他不仅发展、丰富了美声唱法的歌剧剧目，自己也写出了大阵仗，如《威廉·退尔》，这部歌剧也是神话与现实结合，仅其庞大的规模就让人似见瓦格纳的影子。

不仅罗西尼自己的这部作品影响大，他的沙龙的影响也大。在这些聚会上云集了当时的文艺精英——作家、诗人、画家、作曲家。在这样的场合瓦格纳应该少不了遇见当时的各大艺术家。

无穷无尽的旋律与主导动机

瓦格纳打破了现有的歌剧格局及其娱乐功能的模式,用他的庞大冗长、无缝连接、开放无限的浩瀚音乐体取而代之。他将其称为——

无穷尽旋律。

它的无穷尽性并不取悦每个听众。

由于歌剧正常的结构形式缺位,瓦格纳遇到的难题便是,如何向他的观众提供听觉上的地标,以引导他们穿过作品冗长庞杂的内容之森林,并给予他们所听到的东西一种统一的整体感。观众也需要阶段性地加以唤醒,在剧院长长的演出过程中定期来点"猛料"以提醒他们集中注意力,而实际上从作品外部行为或剧情的角度讲**并没有发生什么事件**。

这些作品的所谓戏剧性主要是指内在的或内心的,它更多关乎情绪情感而不是外在事件或剧情。瓦格纳花费大量时间展示情绪情感,不吝笔墨让其上位,舞台布景道具和角色装束反倒不常变化,就让角色们站在那儿互唱内心独白。

这个难题的解决办法就是——**主导动机**。

一个主导动机就是一个乐思（有时是一个单一的和弦，有时是两个音符间的一个间隔，有时是一个简短的主题），它贯穿整部作品，一再出现，与剧情中的某个名字、事物、姿态或场景有联系。

主导动机是一种签名或信号性质的曲调，它可能宣布或昭示什么人或物要上舞台。更微妙的是，它可能暗示舞台上的什么人正在惦记什么事。另外，主导动机总是为音乐（常常是管弦乐队）提供某种方法或途径去进入剧情，用乐队多层次的诠释力去丰富其织体的深度。

在瓦格纳的早期创作中已有多种主导动机，但直到《尼伯龙根的指环》系列问世，主导动机才成为他创作的核心工具，其中交织着一种德国人做事的系统性和彻底精神，把他庞大的总谱拼缀在一起。学者们在《尼伯龙根的指环》里认出了一百多条音乐动机，并把它们一一标注了小标签，如**"莱茵河动机""阿尔贝里希的诅咒动机""沃坦之矛动机"**等。

管弦乐队本身也不再只是给台上唱优美咏叹调的歌手伴奏的"大吉他"了，而是参与了戏剧的诸种元素，成了表现角色的情绪情感、行为过程甚至思想心理活动过程的一个基本的部分。

事实上，（瓦格纳的）管弦乐队不再只是个音乐制造体了，它还成了戏剧结构和剧情的一个不可或缺的组成部分。

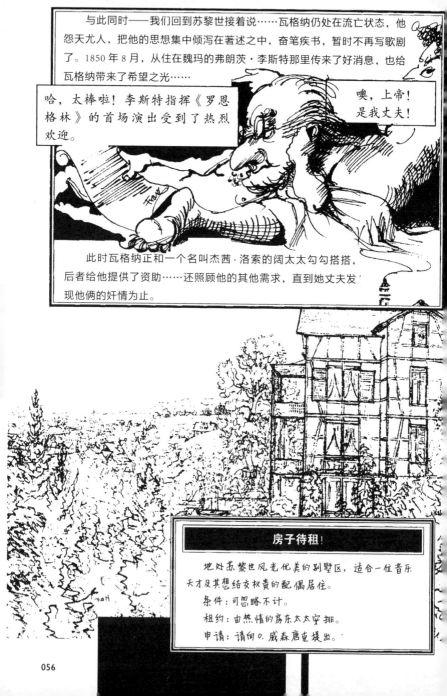

1852年,瓦格纳认识了奥托·威森唐克和玛蒂尔德·威森唐克夫妇。这对新富的资产阶级夫妇住在苏黎世郊外一座小山上的一幢华丽的古典式别墅里。

！！！威森唐克事件！！！

嗣后几年里,随着瓦格纳的债台越筑越高,他和威森唐克夫妇的友谊也越来越深。他劝说奥托·威森唐克替他还债。

他还和明娜(她仍然定期来和丈夫团聚)搬进了紧邻威森唐克庄园的一座房子。

就在这儿,在他敬仰的这对富豪夫妇的鼻子底下,瓦格纳和玛蒂尔德开始了一段激情的——或说是"柏拉图式的"——关系。

瓦格纳借口给玛蒂尔德写的歌词《威森唐克歌曲集》谱曲,和她单独相处了大量时间。更重要的是,《威森唐克歌曲集》成了瓦格纳主义逐渐走向顶峰的试验性习作……

《特里斯坦与伊索尔德》 （1854—约1859）

特里斯坦是神话传说时代的一位康沃尔骑士。**伊索尔德**是他的俘虏。他带着她走海路从爱尔兰回到康沃尔，在那儿人们会要求她违背自己的意愿，嫁给特里斯坦的叔叔马克国王。

在路上，她企图杀死他，然后自己喝毒药自杀。然而两人非但没死，而且疯狂地投入了彼此的怀抱。原来那毒药根本不是毒药，而是爱药，伊索尔德的丫鬟布兰盖娜巧妙地调了包。

在马克国王的宫廷里,他们俩在夜里秘密约会,但是被发现了。接下来是一场搏斗。特里斯坦受了伤,他被运到法国,在那儿他等死——缓慢地、痛苦地、不育地、无趣地等死。

一艘船到达，伊索尔德在船上。他俩疯狂地相拥而泣。可是特里斯坦还是死了。伊索尔德和爱人一起赴死，在瓦格纳所称的"**爱之死**"中狂喜地羽化登仙。

《特里斯坦与伊索尔德》是瓦格纳以前无古人（很可能也后无来者）的方式用音乐来表现高涨的性爱激情的一次尝试，并以其猛烈的情欲娱乐观众。

> 后来的美国作曲家弗吉尔·汤姆森宣称，他分明在这部歌剧的总谱中听出了……
>
> 特里斯坦与伊索尔德总共七次同时达到高潮的声音。

这还只是第二幕就这样！正如瓦格纳在信中对李斯特说的那样……

既然我从没真正享受过爱情的幸福，我就想在剧中竖立一座丰碑，以纪念人类所有梦想中最美好的梦想——爱。因此，爱将在这部歌剧中自始至终满满地体现，足足地享受……

对于19世纪的观众来说，看《特里斯坦与伊索尔德》的体验无异于现在的观众看X级影片的体验：音乐前所未有地展现出暗示和撩拨情欲以及煽动潜在的危险情绪的强大威力。

对20世纪的观众来说也是一样。由于《特里斯坦与伊索尔德》特别集中地代表了瓦格纳创作中的那种颠覆性特质,所以无论过去还是现在,它似乎都能够深入观众的潜意识,并直接作用于人们深埋心底的情感。用著名的瓦格纳评论家布莱恩·马吉的话来说就是:

"它越过了审查制度。"(或"审查制度够不着它"。)

……就像瓦格纳心里想的那样。估计他会这样想。

当他谱写这部总谱的时候,他似乎看见自己被锁入了这样一个过程:正在向世界释放一个恐怖的弗兰肯斯坦式的怪人。[1]

这位特里斯坦正变成一个可怖的人!就在最后一幕里!!!
我担心这部歌剧会遭禁——除非它遇到拙劣的制作,把它整个儿做成一部滑稽闹剧:
只有平庸的演出才能救我!
真正完全优秀的作品必定使人疯狂。

---

[1] 弗兰肯斯坦是1818年由英国小说家玛丽·雪莱(Mary Shelley)创作的科幻小说《弗兰肯斯坦:现代普罗米修斯》(*Frankenstein:the Modern Prometheus*)中的主角,是科学家弗兰肯斯坦创造的怪物。——译者

从技术角度来讲,这部歌剧甘美肉感、暗香流动的气氛是由非常半音化的谱曲营造的结果:音乐在升半音和降半音的丛林里滑动位移,从可识别的主调核心沿着传统常规的作曲之路向外延伸到极限。整部歌剧的音响世界都被神奇地总结在一个开头的和弦里——"特里斯坦和弦"。它只有四个音符,但应该是人所写过的争论最多和影响最深刻的一组音符。

20世纪的音乐就这样被预示了——比它的全面出现早了整整半个世纪。就是这四个音符,以其柔性隐秘的不谐和弦勾引或诱使了20世纪音乐的诞生。

这个和弦奠定了"爱药"这一主导动机,在剧中占据统治地位,是剧情的核心,象征着无论环境多么禁锢,爱欲都无法遏制。

鉴于瓦格纳自己的境况,它无异于一剂慰藉良方。

除了玛蒂尔德·威森唐克外，这部歌剧的灵感还来自**亚瑟·叔本华**（1788—1860）的哲学。

瓦格纳在1854年第一次读到叔本华的著作，他宣称这是他一生最重大的发现。

> ……（叔本华是）我在孤独中从上天得到的一件礼物。他的推理严厉而坚决得吓人，但只有在他的哲学里才有拯救。

随后叔本华的哲学便成了瓦格纳魂牵梦绕之物，被他收纳进他所有的乐剧中去了。他还一再尝试与叔本华本人结识，但叔本华瞧不上他。

亚瑟·叔本华，悲观主义者

> 一边儿玩儿泥去！

> 我不喜欢瓦格纳的歌剧……我要看罗西尼的歌剧，我认为歌剧都不应该超过两个小时。

这两个男人从没邂逅过。

但是叔本华真的很爱音乐,并把音乐摆在自己世界观的核心位置上。

其他艺术门类只是谈浅表,捕风捉影而已。唯有音乐深入事物本质,表现我们内心深处体验的全部情绪和感觉。音乐不描述表象,而是直接表达意志本身。

叔本华的哲学可不是幸福乐观的哲学,事实上它是一种最苍凉悲观的人生观,部分来自佛教,部分来自亚里士多德。叔本华哲学教导人们隐忍超脱,在这个貌似真实、实则表象的世界上逆来顺受。叔本华的核心著作《作为意志与表象的世界》(1818)一上来便开宗明义:世界乃吾之意志也。

叔本华所谓的"意志",就是世间万物固有的生命内驱力,它驱使我们持续走下去——历经"斗争,人群内的明争暗斗尔虞我诈,匮乏短缺,苦难和恐惧"等等,而摆脱这一切获得安宁的唯一希望就是清心寡欲、与世无争,也就是:

遁世!!

"世界是我的主观意志。"

没错儿,就是它……世界就是我的意志!!!

叔本华还向瓦格纳提供了一个想法：人的性冲动本身也是生命意志的一部分，因此我们服从它是自然而然之事。关于爱情，叔本华当然是持消极态度的，爱情会像其他一切那样，以泪告终。

但是瓦格纳对叔本华哲学的吸纳虽然很狂热，却是有选择性的。他把它做微调、修正，为己所用，也就是偷偷摸摸篡改一些。

比如：为爱放弃生命＝拯救。

数年之后，当瓦格纳读到达尔文的《物种起源》时，他为自己把叔本华的哲学修正得更为乐观找到了理论依据。

> 在自然选择中，性意志是决定性的力量……

> 因此，它（性意志）也是人类获救、拥有未来的进程的一部分。

叔本华哲学也美化了瓦格纳的反犹太主义。它宣称犹太教是一种伪宗教，因为它鼓励对自由意志进行抵抗。还说犹太教对遁世和慈悲一无所知，而这恰是使苦难深重的人类高尚起来的崇高品质。

基督教和犹太教有关联，这是个险恶有害的神话。

圣经《新约》一定起源于印度，原因不得而知……

——基督教里的所有真理在佛教和婆罗门教里也都能找到。

基督教的雅利安化（尤指清除犹太教成分，摆脱非雅利安人，如闪米特人的影响等。——译者），这是个瓦格纳狂热支持的命题。

世界历史最可怕的混乱不清之处之一，就是耶稣基督竟然被人认作犹太人。

从他人处借来的哲学，以及个人的经历，都被瓦格纳一股脑儿地灌入了《特里斯坦与伊索尔德》，其达到顶点的结果就是他不得不放弃对玛蒂尔德的爱情。

他俩的秘密被人发现了。和明娜、威森唐克夫妇进行了好一阵子艰难而可怕的沟通之后，瓦格纳卷起铺盖卷儿走人，于1858年8月去了威尼斯，刚一到就被统治威尼斯的奥地利当局认定为从德国司法机构跑掉的逃犯而被拒入境。

他只好返回瑞士，在卢塞恩完成了"特里斯坦"的创作，然后继续流亡，这次去了……呃……再次去了巴黎。他要用《汤豪舍》的一个修改版对巴黎歌剧院发动新一轮的进攻。

巴黎给了我又一段很坏的经历……我是那么渴望在那儿演出我的歌剧，以至于违背我的原则扩展了开头的场景……

经过多达 163 次排练（表演者们发现它真难演啊），好不容易要首演了，结果首演之夜被赛马俱乐部的成员给搅了：他们不满在第一幕就出现芭蕾舞，于是模仿着发出一片狗吠声。"时髦的"法国观众只是为了看其中的舞蹈才来看歌剧的，他们极少在第二幕之前到达剧院。

第二夜的演出也被类似的场面给搅了。第三夜的演出，观众席里出现了骚乱。于是就永远没有第四夜的演出了。这部歌剧被提前撤演了。

19世纪的作曲家们就是在这样的形势下工作的。

明娜跟着瓦格纳来到了巴黎,为挽救他俩的婚姻又做了一次尝试,她按照瓦格纳的指示,带来了全部家当,包括狗和鹦鹉……

……挽救无效,我最终在1862年彻底离开了理夏德!

最终,怀揣着一纸大赦令,瓦格纳回到了德国,随即接受了指挥家**汉斯·冯·彪罗**(1830—1894)的拜访,彪罗是瓦格纳音乐的忠实弘扬者,他后来指挥了《特里斯坦与伊索尔德》和《纽伦堡的名歌手》的首演。彪罗曾师从李斯特,并且娶了李斯特的女儿**柯西玛**为妻。

1862年7月，冯·彪罗携妻子对瓦格纳进行了那次"致命的"拜访，柯西玛当时只有25岁左右。

不到一年，我和柯西玛就成了恋人，彼此相爱，山盟海誓。
……哭泣呜咽，泪流满面。

与此同时，瓦格纳的债台又垒起来老高，为此当局又签发了一张抓他的逮捕令。他这时急需奇迹的发生，奇迹果然就应运而至，化身为——路德维希，巴伐利亚国王。路德维希以疯狂建造新天鹅堡——迪士尼乐园城堡的前身——而著称，他是音乐史上最忠贞不贰的庇护人。

巴伐利亚 国王 路德维希二世

梦幻般的理想之家

当路德维希在1864年登上巴伐利亚国王的宝座时,他才18岁。他是个同性恋,精神也不完全健全,疯狂迷上瓦格纳的歌剧到了爱上其作者的程度。他当上国王后的第一把火,就是召瓦格纳到慕尼黑,并向他承诺:

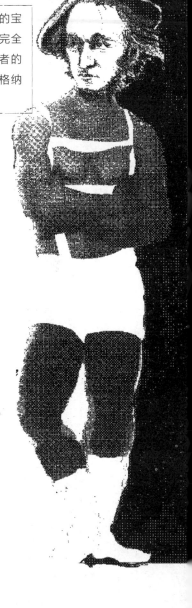

我将让你永远脱离日常生活的烦恼,使你再也不用为生计操心。我将让你获得你渴望已久的和平与安宁……哦,我是多么期待我能为你做这一切的时候到来!

我几乎不敢过于热切地期盼那个能向你证明我对你的爱的时刻尽早到来。

瓦格纳被安置在一座皇家别墅中,高筑的债台由皇家金库来破拆,所欠一屁股债瞬间瓦解。作为对皇恩的回报,瓦格纳铆足了劲儿迎合讨好、投其所好。

国王一天就要召见我一两次。这时我便速速赶过去。然后我俩就像恋人似的坐在一起数小时,深情地彼此凝视。

事实上也有传闻四起,说瓦格纳和路德维希就是情人关系,尽管真实情况是瓦格纳当时正和柯西玛同居,她还怀上了和瓦格纳的第一个孩子。

瓦格纳向国王保证说,柯西玛只是个"抄写员"。

数轮对皇家金库的"袭击"（好摆平那些讨债人）过后，丑闻东窗事发。对路德维希国王来说，这不啻为一场政治危机，毁了他的形象，削弱了他的权威，导致了一串连锁事件，最终让他丢了王位和性命。尽管如此，他继续资助流亡中的瓦格纳，替他支付坐落在卢塞恩的住所的房租。瓦格纳是在1866年住进这所名叫"特里布申"的房子的。

贝尔塔·戈尔德瓦克以粉色绫罗绸缎的室内装饰随后跟进，柯西玛·冯·彪罗也带着孩子们如约而至：

> 其中两个是我和汉斯（·冯·彪罗）做夫妻时生的，一个是我和理夏德（·瓦格纳）做艺术交流时怀上的——她是我俩的第一个孩子，叫伊索尔德。

瓦格纳的孩子们全都以他歌剧中的角色命名，赶上他正写哪部歌剧就起哪个名字，因此就有了……伊索尔德……爱娃……齐格弗里德。

为了照相，他喜欢把孩子们装扮成他歌剧中人物的样子。

路德维希本人对特里布申的造访倒不怎么受欢迎了。他在瓦格纳生日那天不期而至，穿着瓦格纳另一部歌剧《纽伦堡的名歌手》中的英雄骑士瓦尔特的装束"空降"特里布申。

……亲爱的朋友，我将放弃王位，来特里布申和你住在一起！

瓦格纳一听吓坏了，连忙劝阻他。

《纽伦堡的名歌手》 （1861—1867）

是瓦格纳的歌剧创作新目标，它与《特里斯坦与伊索尔德》很不一样。

它是一部喜剧（瓦格纳坚称它是喜剧），一部现实主义歌剧（与神秘主义相对），一部中产小资式的家庭生活歌剧（相对于史诗-英雄式的歌剧）；它忙于表现外部的剧情（而不是较为简单、静态却着重表现角色内心情感矛盾冲突）；它在音乐上更为传统（没人会说现代主义起源于《纽伦堡的名歌手》）；它的最后一场还等同于一篇公然的日耳曼民族主义的政治宣言，导致后来的第三帝国把它定为纳粹党在纽伦堡举行集会时的必演节目。

这部歌剧讲了瓦格纳自己的故事，虽然一些细节借自伟大的德国诗人 J.沃尔夫冈·冯·歌德（1749—1832）、古斯塔夫·洛青（1801—1851）和一些历史人物。

实质上，《纽伦堡的名歌手》是一部良性温和、清朗阳光的歌剧，但它有一个比较阴暗的言外之意或潜台词，现代人对它的解读取决于这个潜台词在多大程度上被忽略或突出，也就是看你如何去解释它。

"名歌手"的故事发生在16世纪的纽伦堡,当时那里的社会生活围绕着各个行业的行会展开,歌唱行业的行会也不例外,歌手们以遵照传统规则把歌儿唱得臻于完美为豪。

博格纳的……

萨克斯的鞋店

名歌手里有一个名叫博格纳的,他有一个女儿名叫爱娃,她承诺嫁给一次歌唱大赛的冠军。有一个名叫瓦尔特的年轻骑士爱着这个姑娘,他也想参加这个大赛。可是他唱的参赛歌曲被认为过于激进、过于不循规蹈矩,结果没有被接受。

同时爱娃也被另外两个成年的行会成员爱着,一个是智慧、慈祥的汉斯·萨克斯大叔(他大度地让位给瓦尔特),另一个是怨天尤人得滑稽可笑的贝克麦瑟(他绝不向瓦尔特让步)。

萨克斯帮助瓦尔特准备了另一首参赛歌曲,这首歌曲既遵循了传统,又改进发展了歌手行会的规则,结果瓦尔特拿了大奖。

而贝克麦瑟的参赛资格是弄虚作假得来的,被揭露后受到了众人的耻笑,颜面尽失。

最终在决赛的盛大现场,萨克斯对人群大谈"**神圣日耳曼艺术**"的优点。

同时叔本华也没有被他忘记……萨克斯有一段著名的独白,关于 WAHN 这个主题。

WAHN

Wahn 这个德文词比较不容易确切地翻译,它宽泛地意为"幻想,幻觉"或"愚蠢,蠢念,疯狂的想法、念头,精神错乱"等。萨克斯目力所及,见到的尽是愚蠢、荒唐事,叔本华所辨识的造假行为遍地都是,弄虚作假的现实笼罩着我们的生活。

神圣的日耳曼艺术与 Wahn(幻想)

但是再一次,叔本华的思想被瓦格纳做了"微调",被调整为承认有幸福结局的可能性。

萨克斯歌颂艺术作为一种"崇高的幻想"存在,它能够把世间乱象、人类痛苦改造成救赎的基础。

瓦格纳一生都秉持 WAHN,视之为自己的一个重要理念。

当他来到拜罗伊特安家落户时(1873—1874),他盖的房子的大门上雕刻着这样的字样——

WAHNFRIED(旺弗里德别墅。Fried 意为"和平""宁静""心安"等。——译者),为"狂想得安"之意。鉴于那里发生的事情,它后来获得了某种嘲笑讽刺之意("疯安别墅?""愚庵?""疯斋?""疯人院?"——译者)。

《纽伦堡的名歌手》是一部坚实、经过精心打磨的歌剧，演出时长至少 4 个小时，"很好地"违背了瓦格纳号称要写点"轻松东西"的心意，到头来给了人以轻松的假象。它的总谱本身就是一个厚实的大块头，表达力之丰富不下于《特里斯坦与伊索尔德》，只不过没那么多半音化色彩，调性上更为传统一些，有一个很肯定的 C 大调结尾。

虽然瓦格纳的乐剧新观念主张冗长不间断的音乐流——所谓"贯通性作曲"，没完没了的旋律——但他的《纽伦堡的名歌手》却倾向于传统的各自独立性唱段，一段一段地间隔开来，其大部分音乐都表现出对过去音乐传统的怀旧之情……

是对巴洛克时期的对位及路德教会众赞歌（圣咏）的深情但拙劣的模仿……

然而，这部歌剧传达的信息却是号召（日耳曼）文化的团结与巩固。

瓦尔特的歌唱艺术，当它面向未来又汲取传统精华、既发挥创新天才又受到公认体裁制约的时候，它就成功了。

《纽伦堡的名歌手》的阴暗一面在于它公开主张文化偏见并暗示着反犹主义。萨克斯对神圣日耳曼艺术的赞美，作为对人们普遍关注的问题的回答，其本身读起来还是无害的：日耳曼人民的文化黏合性和凝聚力过去一直是脆弱不堪的，并不时受到来自法国的文化威胁。但是，这种赞美也能很容易地让人做出咄咄逼人甚至面目狰狞的解读。这也就是为什么它对于后来的纳粹一代人来说，成了"条顿雅利安人种至高无上"的一条经典宣言：

"警惕啊！魔鬼正在威胁我们。如果哪天日耳曼民族沦陷于外国统治的话，将没有哪个（德意志）公侯再理解他的人民，到时外国虚荣浮华的那一套将在我们的土地上大行其道。

因此我要呼吁，尊崇、讴歌你们的德国大师们吧！然后等到神圣罗马帝国分崩离析的那一天，那对我们德意志民族而言反倒是阴霾消散、拨云见日的一天，因为清朗的神圣德意志艺术将赫然显现在寰宇之间。"

虽然在《纽伦堡的名歌手》里没有明说的反犹主义，但是贝克麦瑟这个角色具备所有瓦格纳及其文艺祖师爷们在犹太人身上辨识出的那些品质。

加上在歌剧脚本中隐晦提到的犹太主义，在大多数瓦格纳研究专家看来已经很明显了：贝克麦瑟就是最后得到报应的犹太伪艺术家的原型和典型。

哈，现在你听好了：对那些习惯肆意造假的不胜任者来说那边有可乘之机……
可在这里，录取晋级全靠规则。

同时，瓦格纳也用贝克麦瑟这个角色戏仿当时的德国首席音乐评论家**爱德华·汉斯立克**（1825—1904），此君写的文章不时刺痛瓦格纳一下，让他很受伤。

> 瓦格纳作为一名戏剧家的问题出在这里：他的情节过于明显地预先确定好了。那些"必须怎样怎样"的角色就是没有那些随机发挥、自由创作的角色来得有趣。

汉斯立克像贝克麦瑟那样，是个传统音乐规则、形式的倡导者，他谴责瓦格纳的创新——尽管他也对瓦格纳比较公平，承认这些创新后面有瓦格纳的伟大天才在驱动。

《纽伦堡的名歌手》的首演是在慕尼黑举行的（在路德维希国王的钦准下，瓦格纳已被允许回到那里）。首演指挥竟然是汉斯·冯·彪罗！他对瓦格纳的崇拜和吹捧竟然在瓦格纳偷走他老婆的事实面前丝毫未减。

对这个光荣的、无出其右的男人，人们只能像对神那样加以尊崇。

我万分同意！

路德维希国王却没那么"大度"。1868年下半年，柯西玛·冯·彪罗"正式"入住特里布申的瓦格纳别墅，而路德维希也得到了入住的"正式"通知。气愤之下，他不见瓦格纳整整8年，尽管瓦格纳的各种开销他照付不误。

柯西玛

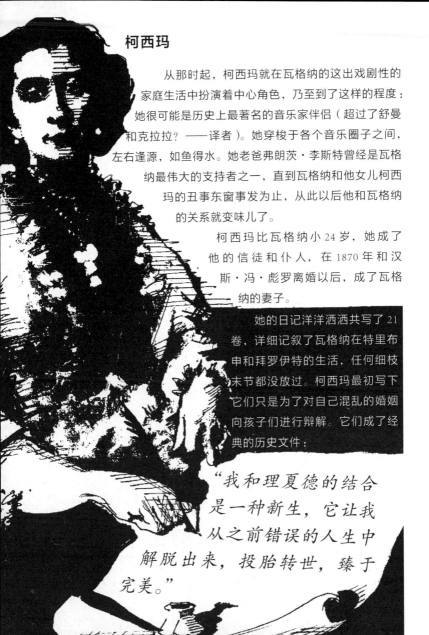

从那时起,柯西玛就在瓦格纳的这出戏剧性的家庭生活中扮演着中心角色,乃至到了这样的程度:她很可能是历史上最著名的音乐家伴侣(超过了舒曼和克拉拉?——译者)。她穿梭于各个音乐圈子之间,左右逢源,如鱼得水。她老爸弗朗茨·李斯特曾经是瓦格纳最伟大的支持者之一,直到瓦格纳和他女儿柯西玛的丑事东窗事发为止,从此以后他和瓦格纳的关系就变味儿了。

柯西玛比瓦格纳小24岁,她成了他的信徒和仆人,在1870年和汉斯·冯·彪罗离婚以后,成了瓦格纳的妻子。

她的日记洋洋洒洒共写了21卷,详细记叙了瓦格纳在特里布申和拜罗伊特的生活,任何细枝末节都没放过。柯西玛最初写下它们只是为了对自己混乱的婚姻向孩子们进行辩解。它们成了经典的历史文件:

> "我和理夏德的结合是一种新生,它让我从之前错误的人生中解脱出来,投胎转世,臻于完美。"

自我贬抑，低声下气。

孩子们，今天我犯了一个严重的错误，我冒犯了咱们的朋友……鉴于它堪称最严重的罪过，我绝不希望再犯这样的错误。当时我们正谈论贝多芬的《c小调交响曲》，我固执地坚持我认为正确的一个速度。

我的任性让理夏德很是吃惊，并且感觉受到了冒犯，现在我们俩都很难受……我由于得罪了他而愧疚，他因为遭受了来自我的任性而生气。

我问他我是否应该读一读叔本华的书，他建议我不读，他说一个女人应该通过一个男人、一个诗人的引领来接近哲学。

我完全同意他的说法。

瓦格纳在柯西玛的日记中被统称为"我们的朋友",他简直可以等同于"上帝"了,因为文字中充斥着宗教比喻。

我们的朋友把他写出《特里斯坦与伊索尔德》和《齐格弗里德》的那支金笔送给了我,而我把它当成圣器加以供奉,视之为与神沟通的媒介。由此可看出我把他的创作视为多么神圣的事业。

柯西玛比瓦格纳多活了将近半个世纪,她死于 1930 年。在那半个世纪里她就是拜罗伊特的女王,掌控着那里的艺术生活,对凡是不符合瓦格纳精神的建议一概拒斥,比如"歌剧除了用**'理夏德希望的'**方式演出外,也可以用其他方式演"。

但是在 1869 年瓦格纳还有很长一段路要走。眼下要办的事情是……

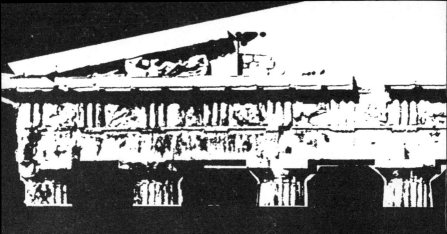

《特里斯坦与伊索尔德》《纽伦堡的名歌手》以及紧随其后的瓦格纳歌剧只不过是"大战"前的"小打小闹",19世纪50、60和70年代瓦格纳的神圣使命和崇高目标是——《尼伯龙根的指环》。

《尼伯龙根的指环》是个由4部歌剧组成的系列歌剧或"四联歌剧",

《莱茵的黄金》　　　　《女武神》

瓦格纳是按古希腊三联悲剧前加一部较轻松的滑稽羊人剧的传统筹划这四部歌剧的,这一传统反映了(古希腊诗人、悲剧作家)埃斯库罗斯的"奥瑞斯提亚(阿伽门农之子)三部曲"结构。

《莱茵的黄金》相当于这个古希腊传统中的"滑稽羊人剧",它比其他三部歌剧短一些,调子亮一些。它起着一部幻想前奏曲的作用,铺垫着一个关于诸神、巨人、侏儒和魔幻黄金的龙与地下城的故事,故事本身像是一部王朝肥皂剧,浏览、审视了一个早期原始人家庭数代人的情感和困境。

不过,《莱茵的黄金》之短只是相对于后面三部而言的。《尼伯龙根的指环》系列的其他三部歌剧个个也都不是省油的灯,其长度渐次递增,至《众神的黄昏》达到顶点,其标准演出时间为6个小时(包括幕间休息),仅第一幕就比《波希米亚人》或《托斯卡》全剧都长。

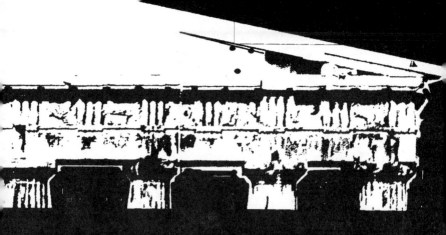

带着统共约 15 个小时的音乐,《尼伯龙根的指环》系列轻松拔得头筹,成为史上最大的剧院作品。

要连续演出 4 个夜晚。这 4 部歌剧分别是:

《齐格弗里德》   《众神的黄昏》

不要说搬上舞台了,单是看它一遍就是重体力活儿了。《尼伯龙根的指环》充分体现了瓦格纳所说的他的 "**未来艺术作品**" 的全部内涵——它可不是一般歌剧院的演出剧目单所能容纳得了的,而是具有特殊意义的国家级重大 "节庆" 事件,是旨在启迪民智、激发民气、激活社会的盛大公共祭典活动。说到底,《尼伯龙根的指环》系列是个史诗工程,演出《尼伯龙根的指环》就是叙说一部长篇叙事史诗,适着它的进展,瓦格纳自然想到了一个解决史诗演出难题的办法。

当然喽,《尼伯龙根的指环》系列应该在专门建造的文化殿堂里演出……配备专门培训出来的演唱队伍,他们自愿奉献、不计报酬(应该有一个自愿献身瓦格纳艺术的 "瓦格纳学院")……他们甘愿为光荣参与而演,出于对瓦格纳艺术的热爱……(果然做到了,一如 1876 年《尼伯龙根的指环》系列的首场演出那样)……这,就是瓦格纳打的如意算盘。

本质上,《尼伯龙根的指环》系列歌剧是瓦格纳自己设计的神话,虽然它汲取了中世纪的神话素材,特别是 13 世纪的一部名叫《尼伯龙根之歌》的史诗。这部史诗此前不久刚得到重新挖掘,并被德国的浪漫主义者们欢呼为条顿民族(日耳曼民族)的《伊利亚特》。瓦格纳费心给这部歌剧的脚本赋予了一种古代感——用一种叫作"头韵"的古诗文形式写就……

没有爱情的丈夫,
最没心没肺的男人!
为了华而不实的权位之虚荣
你以世俗的轻蔑
赌光了爱情和女人的贞节。

很显然，瓦格纳对自己撰写的歌剧脚本有很高的赞誉，认为光它们自身就是艺术品。他还极为细心地写下它们的音乐，做到让音乐支撑文本，而不是拆台。

和他成熟期的所有歌剧那样，《尼伯龙根的指环》也使用了一支庞大的乐队，其作用和歌手们的作用一样重要。然而瓦格纳不想只要一片管弦乐之声的汪洋，偶有人声语言的扁舟在其中摇曳。尼采自相矛盾地称瓦格纳是个"音乐的微图画家"（也叫"微缩画家""细密画家"。——译者），他这么说倒是说对了。

一个"音乐微图画家"

虽然规模大得不得了，《尼伯龙根的指环》的音乐却写得特别细腻，具有室内乐（如弦乐四重奏）般的细致入微和丝丝入扣。它的音乐表现层次丰富，每个微小的细节都"登记在案"——并被要求让每个观众都听到。

1876年《尼伯龙根的指环》系列歌剧第一次完整演出，在首演之夜，瓦格纳在后台贴了一张字条：

对我的忠诚的艺术家们的最后一个请求：
细腻分辨，清楚演绎！

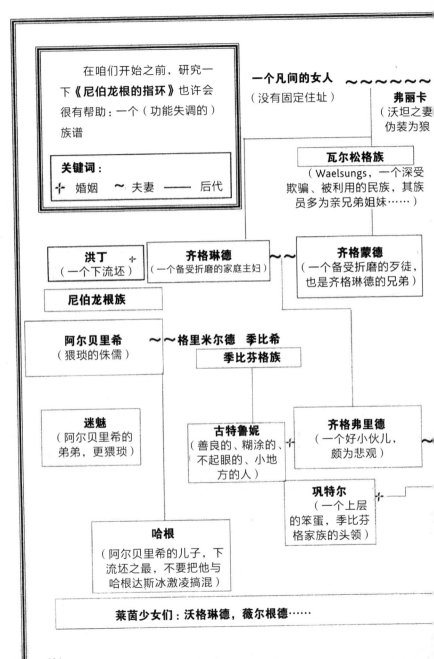

```
┌─────────────────────┐    ┌──────────────┐  ┌──────────────────┐
│（好几个董事会的主席）│----│   弗丽卡     │  │**弗莱娅**（美丽和爱情│
│      **沃坦**       │    │（沃坦之妻，婚 │  │女神）、**弗洛**（幸福之│
└─────────────────────┘    │姻女神，不是   │  │神）和**多纳尔**（雷神）│
         │                 │智慧女神）     │  │（都是沃坦的家人）│
         │                 └──────────────┘  └──────────────────┘
         │
         │                              ┌──────────────────────┐
         │                              │      **火神罗杰**        │
         │                              │   （地方消防队）      │
         │                              └──────────────────────┘
         │
         │                    ┌────────────────────────────────┐
         │                    │ **巨人兄弟法夫纳和法索尔特**       │
         │                    │（瓦尔哈拉宫殿建造者，提出优厚的回报）│
         │                    └────────────────────────────────┘
┌──────────────┐                                    ┌──────────┐
│  **爱尔达**   │~~~~~~~~~~~~~~~~~~~~~~~~~~~~~~~~~~~│这个或那    │
│（大地之母，   │                                    │个神……    │
│  智慧女神）   │                                    └──────────┘
└──────────────┘
                                                  （北欧神话中的命
                                                    运三女神）
┌─────────────────────────────────────────────┐
│               **女武神**                      │      **诺恩**
│（非常好动，跑来跑去，动静很大的恋尸狂，       │  （在《尼伯龙根的
│ 她们中的每一个都是齐格弗里德的姨妈）           │   指环》第四部《众
│                                              │   神的黄昏》的开头
│                                              │   重述了故事）
│                                              │
│   **布伦希尔德和她的姐妹们……**                  │  **第一诺恩**
│ 瓦尔特劳特，施韦尔特莱特，盖尔希尔德，         │ （过去的事情）
│ 奥特琳娜，萝丝韦瑟，赫尔姆魏格，格里          │
│ 姆盖尔德，齐格鲁娜                            │  **第二诺恩**
│                                              │ （现在的事情）
└─────────────────────────────────────────────┘
                                                    **第三诺恩**
                                                 （将要到来的圣
                                                   诞节）

**以及弗洛茜尔德**（在她朋友看来很轻软、迷人）
```

《莱茵的黄金》 （1851—1856）

这里就是故事开始的地方——随着一个乐思的出现，瓦格纳打算用它来表示——天地玄黄之时。

舞台和观众席都一片漆黑，然后从黑暗中响起一个低沉的声音，由倍大提琴以低音的降 E 调奏出，这个声音通过管弦乐队以一个降 E 调的和弦逐渐上升，该和弦在接下来的 50 个小节的音乐中保持不变。它是歌剧史上最伟大的持续很长的音乐时刻之一。它营造了非凡的魔幻氛围，烘托出莱茵河水仙女们[1]在河里沐浴并且守护着莱茵的黄金的情景。

[1] 也作"莱茵河少女"。——译者

混沌初开

根据神话传说,任何弃绝爱情并用莱茵黄金锻造一个指环的人将变得威力无比、无所不能,这恰好是尼伯龙根侏儒阿尔贝里希追求的目标。他诅咒爱情,偷来黄金,造出了指环,并为自己建立了一个欺压百姓、无恶不作的帝国。

此事稍微关系到诸神,因为诸神也有他们自己的帝国梦。诸神之王沃坦(也是《尼伯龙根的指环》系列歌剧的主角儿)雇用了两个巨人,法夫纳和法索尔特,给他自己和他的家人建造一个金碧辉煌的家,瓦尔哈拉。谈好的价钱是,两个巨人可以抢走女神弗莱娅[1]当老婆。

这可是大规模的一妻多夫,是重婚!

---

[1] 北欧神话中的爱、美及生育女神。——译者

但在妻子弗丽卡施压后,沃坦撕毁了和巨人达成的协议——这协议毕竟对弗莱娅太残酷了——并被迫提出了一个替代选择:把沃坦适时地从阿尔贝里希那里偷来的尼伯龙根的指环交给巨人。

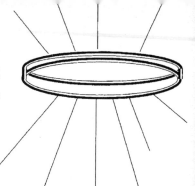

诅咒!!!

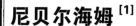

尼贝尔海姆[1]

阿尔贝里希诅咒指环……于是麻烦开始了。

两巨人刚刚收到沃坦支付的指环,就打起来了,然后其中一个就被杀死了。

---

[1] Nibelheim,矮人种之家。Nibel,德国传奇中的矮人种。Nibelungen(尼伯龙根)原意指"矮人种的成员"。——译者

与此同时，诸神仪式性地跨过彩虹桥，向瓦尔哈拉进发，他们对自己的未来充满信心，但这未来却悲剧性地缺乏正当性。

如同瓦尔哈拉的送火者和"万能博士"罗杰向观众吐露的那样：

他们正急匆匆地走向终结。

幕落。

按瓦格纳的意图,《莱茵的黄金》的演出要一气呵成,场与场之间没有间断(技术上讲,它只有一幕,这些场都是包含在其中的),每场变换时也没有任何遮挡。随着音乐有机地走出那个开场的降E调,并一气呵成地朝最后那些音符行进时,场景从黑暗中浮现出来,并在观众眼前从一场过渡到下一场。瓦格纳说过:

作曲的艺术就是过渡的艺术!

如此一来,《莱茵的黄金》就成了包含瓦格纳所著的《歌剧与戏剧》一书中全部理想的第一部作品,也是实际应用音乐动机轮回反复——作为音乐结构以及剧情信息传输的一部分——的第一部作品。比如说,观众听到了同如下有关联的音乐片段……

这些动机将在《尼伯龙根的指环》系列的其他歌剧中卷土重来,作为纯粹用音乐对舞台上发生的事情进行烘托的一部分。

《女武神》才是故事真正开始的时候——从诸神的幻想天地转移到明显接地气的人类世俗世界。

斗转星移,时过境迁,沃坦已经成熟了,变聪明了,他很后悔自己就指环所犯下的错误。

我要把它弄回来,交给莱茵河仙女。但是受限于我自己的法律,我不能亲自把它从法夫纳那里弄回来。我该怎么办呢?我要听听爱尔达[1]的意见。

只有一个"天真无邪"、独立行动的英雄能办成这事。

[1] 北欧神话中的大地女神。——译者

《女武神》[1]

（1851—1856）

沃坦在人间创造了两个同胞兄妹，齐格蒙德和齐格琳德，想作为他沟通天地的潜在中介。可是他的计划落空了（指环的魔咒发挥出最大的威力），这对兄妹从小就被分开，长大后进入了悲惨的成年：齐格琳德成了残暴猎人洪丁的奴隶老婆，齐格蒙德成了一个歹徒罪犯。

---

[1] Valkyrie，即北欧神话中奥丁神的婢女之一瓦尔基里，负责挑选阵亡者并把他们带到瓦尔哈拉殿堂。——译者

在《女武神》开始的时候，这两人邂逅并堕入了爱河。但是当齐格蒙德从一棵树上（正巧长在齐格琳德家的院子里）拔出一把剑时，他俩意识到他们有血缘关系。这把剑名叫"诺顿克"，是沃坦多年前留在那儿的，打算将来让他的人间儿子使用。这对情侣于是私奔，洪丁在后面追赶。

我在这儿见到的是齐格蒙德吗？我是思念你的齐格琳德啊。你已经赢得了你亲妹妹的芳心，还有这口宝剑。

你将做你哥哥的妹妹和妻子，这样瓦尔松格家族[1]的血脉才会延续下去……

---

[1] Waelsungs，北欧神话中最高之神奥丁诸子之一的后代。——译者

就在这时,与本歌剧同名的女武神(瓦尔基里)终于出现了。她们是沃坦所生的少女武士,其任务是从人间战场上收集战死的英雄送去当瓦尔哈拉殿堂的卫兵。女武神中,沃坦最宠爱的是布伦希尔德。她负责保护在逃的齐格蒙德和齐格琳德。

布伦希尔德没有服从命令（这是爱情对强权的挑战），并且尝试营救齐格蒙德。

沃坦出手干预了，他击碎了齐格蒙德的宝剑诺顿克，并听任他被那个复仇的丈夫杀死。

布伦希尔德逃到她姐妹那里（这里提示一个音乐动机：女武神之骑），后面有个遗憾而愤怒的沃坦在追击。

对她的惩罚是：她被剥夺了女神身份，并被施了魔法而沉入一场深深的睡眠，使她对第一个发现她的男人完全没有抵抗力（不用说，她是一个处女）。

作为某种让步，沃坦用一道火帘把她包围起来，只有一位勇敢的英雄才敢于突破这道火帘。沃坦在绝望的悲伤中向他最宠爱的孩子道永别。

幕落。

《女武神》很可能是最容易让人接近《尼伯龙根的指环》系列之核心、掌握其要义的歌剧。它的开头有为暴风雨场面写的鲜活音簇，在结尾有火帘音乐，在中间有描写乱伦之爱的激情音流。

这部歌剧描写私通和乱伦，这在那个时代必然引起轩然大波，但是鉴于瓦格纳的个人情况，它又算是瓦格纳说出了心里话。

他在谱写这部总谱的同时和威森唐克夫人正打得火热。第一稿里包含不少于17段发给玛蒂尔德的暗号。

《女武神》的次日上演…… **《齐格弗里德》** （1851—1869）

沃坦想找"纯洁无邪者"来拯救诸神，使之免于堕落，为此他找到的下一个人是齐格弗里德，此人是《女武神》中的乱伦结合生下的孩子。他在丧失了父母之后，靠一个很偶然的机会，在与世隔绝的一个森林洞穴里，被侏儒阿尔贝里希的兄弟抚养成人。这人是个同样诡计多端的矮人族成员，名叫迷魅。

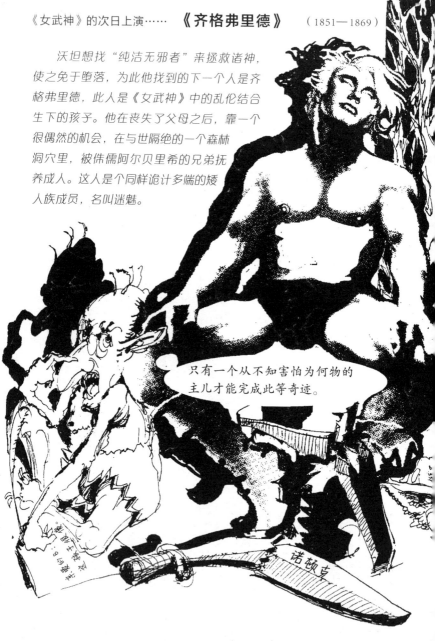

只有一个从不知害怕为何物的主儿才能完成此等奇迹。

迷魅计划利用齐格弗里德来杀掉巨人法夫纳（他现在已变身为一条巨龙）并搞到指环——为实现这个目标，他让齐格弗里德把断裂的宝剑诺顿克修好。与他父亲以前一样，齐格弗里德也用诺顿克宝剑武装起了自己，并且仍然无所畏惧，他杀死了巨龙，得到了指环。

……还杀死了表里不一已经很明显的迷魅。

齐格弗里德接着勇闯火帘去寻找布伦希尔德，但先遭遇了伪装起来的沃坦，并把他的矛枪劈成两截……

这是关键的一招，标志着齐格弗里德已经独立于这位诸神之王的神圣意志。

齐格弗里德的天真纯洁还体现在他从没见过女人。因此发现布伦希尔德对他而言就是发现了奇迹。从血缘来讲她是他的姨妈,但此时哪有什么血缘一说呀:他热吻了她,她因此醒来,两人堕入爱河。

大幕缓缓落下

《齐格弗里德》在许多方面都是《尼伯龙根的指环》四联歌剧里最成问题的一部。它对瓦格纳本人也构成了难题，表现在他写到第二幕结尾时，就中断了作曲。

这一中断就是整整 12 年，也就是《尼伯龙根的指环》序列写到一半时暂停了 12 年，其间由《特里斯坦与伊索尔德》和《纽伦堡的名歌手》填补了空缺，嗣后他才接着写《齐格弗里德》的第三幕。

这样做的结果是，《齐格弗里德》的音乐在中途突然发生了改变，变得更丰富、更自由，整体更舒展、飘逸、潇洒。

但是主要困难仍集中在齐格弗里德这个核心人物身上。瓦格纳意欲把他写成标准条顿日耳曼人种的青年男子形象——金发碧眼、面色红润，年龄 17 岁左右，带着自己意识不到的一身活力，让人们迷迷糊糊地接受了他粗野乡巴佬式的举止。

但是这个角色是全部歌剧中最让人筋疲力尽的角色之一。贯穿全剧,齐格弗里德大部分时间都在舞台上,不仅扯着嗓子唱,还要上蹿下跳,忽而杀巨龙,忽而屠矮人。在全剧的最后45分钟里,他都必须陪着一个精力充沛的女高音"陪唱"(她先前可没唱过一个音符!);此场面发生在一首要求最严苛的爱情二重唱之一里,它全面要求歌唱家具有优秀的音阶保持力、充沛的体力、嗓音的耐久力、音量的不衰性等,以"英雄男高音"的美誉著称。

具备上述能力的歌唱家,很不幸地说,往往既不金发碧眼,也不精力旺盛,更不年轻,反而是一些肥胖的中年男人。要求齐格弗里德这一角色必须同时具备的戏剧性,因此就常常大打折扣,这是因为许多唱功很棒的歌手表演不行,长相也不敢恭维。正所谓"鱼和熊掌不可兼得"。

齐格弗里德谈够了吧。可是我们还没看到他的结局呢,因为他再次登场,在……

《众神的黄昏》(1848—1874)

《众神的黄昏》把《尼伯龙根的指环》系列——以及瓦格纳的想象力所能展现的全部天地——带向了一个洋洋大观、令人眼花缭乱的结尾。

对未来彻底绝望的沃坦在瓦尔哈拉殿堂周围堆满圆木,并陷于叔本华式的阴郁之中,坐等着指环的咒语实现、他的全部创造物毁于大火的那一天的到来。

与此同时，布伦希尔德已经圆满实现了她和齐格弗里德的关系，并且稳稳当当过起了瓦格纳式的家庭主妇的日子。齐格弗里德出门进行新的冒险的时候，把指环留下来给她，作为他们结合的象征。

哈根想得到指环,他用一种迷惑性很强的魔药劝说齐格弗里德背叛布伦希尔德并带她来宫廷强制嫁给巩特尔。

作为回报,齐格弗里德将和古特鲁妮结婚。

齐格弗里德的背叛让布伦希尔德肝肠寸断,万分悲愤的她向哈根揭露道:在齐格弗里德战无不胜的英雄躯体上有一个致命弱点——他的后背。她意图以此让哈根具有杀死齐格弗里德以及巩特尔的能力,以便成为宇宙唯一的主人。

绝望的古特鲁妮向布伦希尔德告发了这起背叛阴谋，后者获悉后便给齐格弗里德搭建了一个火葬柴堆，并宣布现在指环终于要回归莱茵河了。火焰熊熊升起后，布伦希尔德骑着她的战马冲进大火，成就了最终的自我牺牲。

与此同时,莱茵河水冲破堤岸,淹没了整个场景,哈根在被淹死前还在做垂死的尝试,想得到指环。

大水退去了,露出的瓦尔哈拉本身也是烈焰滚滚。众神的时代结束了。

幕落

《众神的黄昏》结束时留下的一个理性的问题是:

> 它到底想说明什么?

没人说得清这个,它给所有舞台导演留下了想象和发挥的空间。瓦格纳本人也对自己写的许多东西讲不出令人信服的解释。

> 一个艺术家面对他自己的作品,如果它是真正的艺术,他也可能会莫名产生迷惑,就像其他人那样。

歌剧脚本被故意编排得模棱两可,逻辑混乱和自相矛盾被有意填充进作品的织体,从而营造出某种真正的虚幻神话意境。

- 编舞
- 布景设计与空间维度
- 对没问出的问题的回答
- 舞台提示
- 歌唱者的比例与安排
- 促进理解的提示
- 对改进提示的提问
- 永远不要问出的问题

譬如，在《尼伯龙根之歌》这部英雄传奇的结尾，指环被交还给了莱茵河，布伦希尔德已经为爱牺牲了自己，每一个您能想象得到的瓦格纳式的救赎／赎罪行为都得到了执行。

既如此，瓦尔哈拉为什么仍要燃烧？
为什么世界仍要自毁？

这样处理从情感上讲是贴切的……诸神毁灭的必要
性产生自我们内心的感觉，它与沃坦的
内心感受是一致的，沃坦也愿
意自我毁灭！

瓦格纳对这部歌剧脚本的结束语修改了三次，最后确定了一句不偏不倚的话，它回避了所有对正发生事件的理性分析。对这部歌剧的一个多少有些无法撼动的解读是：它就是一部专讲灾难和毁灭进程的讽喻寓言性世界史。

瓦格纳写信对李斯特说：

请特别留意我的新诗，它展现了
世界初始及其毁灭。

其沦丧的核心在于

对爱情的追求受到了对权力的贪欲的危害。

不过，超越这个基本的理念之上，还有大致三种对《尼伯龙根的指环》的解读：

（1）《尼伯龙根的指环》作为对资本主义的一种批判

持这种观点的有乔治·萧伯纳（1856—1950），其著名的评论散文《完美的瓦格纳主义者》把这部系列歌剧理解为……

> 一部关于万恶之源的物质贪欲的社会主义寓言。

这一解读强调了瓦格纳的社会 - 政治担当，以及他对法国政治经济哲学家皮埃尔 - 约瑟夫·蒲鲁东（1809—1865）的兴趣，后者的文章《什么是财产？》回答了它自身提出的问题，其答案是……财产即偷盗。

蒲鲁东辩论道，资本主义是爱的天敌，而爱才是人类的真正目标。

（2）《尼伯龙根的指环》作为叔本华式的悲观主义

沃坦一直作为世界意志的化身行动着，不屈不挠地奔走在自我毁灭的道路上。

在《尼伯龙根的指环》的脚本最初发表的时候，瓦格纳实际上还对叔本华的著作一无所知。但后来当他着手给它谱曲的时候，对叔本华的发现在他的生活中被证明是如此重大的一个事件，以至于它完全改变了瓦格纳对自己所写剧词的解读。

(3)《尼伯龙根的指环》作为对灵魂(或心智)的探索

这一解读是拿弗洛伊德-荣格心理学说事儿,把它往瓦格纳身上套,其拥护者首推音乐学家罗伯特·多宁顿,他把瓦格纳在《歌剧与戏剧》中的断言作为此说的起点。瓦格纳宣称,艺术家的职能是……

把人性中下意识(潜意识)的部分　　　　　　　　　　转变成意识。

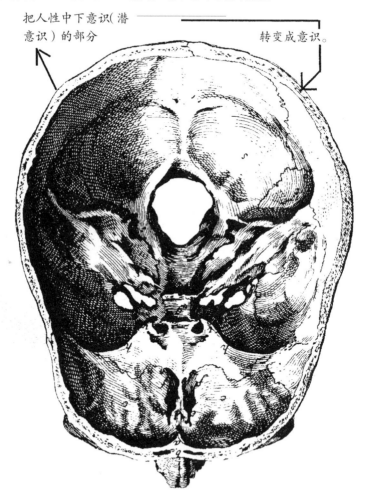

根据多宁顿的说法,《尼伯龙根的指环》就是一部人类意识的诞生与发展史,形象地表现了与《圣经》的造物神话密切联系的意象。

意识从遗忘和湮灭的大水中浮现，随之而来的是预定好的偷指环事件：这是中世纪的神学家们所称的夏娃偷苹果之"幸运堕落"的一个翻版，也是从自然走向文明的一次必要的仪式。

接着，多宁顿就把《尼伯龙根的指环》中的所有角色都视为人的心灵这部大剧中的各个角色以及心灵这部复杂机器上的各个零部件，而阿尔贝里希和沃坦就是同一股内部能量中冲突的双方，就像（《易经》中的）**阴**和**阳**。

从这部歌剧的剧情来看，沃坦确实把自己称为"明亮的阿尔贝里希"，并把那个侏儒称为"黑暗的（沃坦）"，暗示了某种他俩既矛盾冲突又融合共存的对立统一关系。

诠释《尼伯龙根的指环》需要深度的思辨,但是把它**搬上舞台**就要求相当程度的务实性了,而这务实性恰恰又是这部作品一直不情愿服从的。

从一开始我就清楚,我需要一座专门的剧院(来演出我的作品)。而眼下还不存在这样的剧院。这样的剧院需要定制。

瓦格纳期望的是一座临时性的木制构造,最初希望它建在苏黎世,然后希望它在慕尼黑,最后落实在了拜罗伊特。

建在哪儿好呢?

拜罗伊特是当时巴伐利亚的一座中小型城镇，后来成了全世界聚焦瓦格纳活动的地方。

但是光是筹集资金就用去了好多年时间，资金来源有全球的捐赠者，有世界各地的瓦格纳协会，有柯西玛继承的遗产，当然也有巴伐利亚的前国王路德维希。

与此同时，《尼伯龙根的指环》四联歌剧的头两联已经在慕尼黑举办了单独的首演——这让瓦格纳大为不快。

不顾瓦格纳的强烈反对,《莱茵的黄金》在1869年被搬上了舞台,《女武神》在1870年被搬上了舞台。

……不过,亲爱的理夏德,我还是坚持己见!我已经拿到了你这些总谱的使用权。作为回报,我出资让你继续过奢华的生活。

瓦格纳气得不去出席这些演出。事实上,他还因为企图破坏排练从剧院里被轰了出去。

对这一切,路德维希的评论是:

我受够了!

他对资助瓦格纳未来计划的热情明显冷淡了下来。

瓦格纳一向是个投机分子,他一看路德维希二世不灵了,就转向俾斯麦和德国皇帝求宠,提出能把拜罗伊特建成德国统一的标志和象征。

俾斯麦对他也不感兴趣。气急败坏的瓦格纳威胁要移民到美国明尼苏达州去,那儿有一个德-美瓦格纳分子组成的社团,承诺给他提供他梦寐以求的理想剧院。

最终，拜罗伊特节日剧院在 1876 年 8 月开张了，首次公演了《尼伯龙根的指环》的整个系列。这可是一个极大的社会事件，出席者中有皇帝本人、李斯特、柴可夫斯基和路德维希，不过路德维希姗姗来迟，直到第三联歌剧演出才露面。

柴可夫斯基对节日氛围评述如下……

……比较起瓦格纳的音乐，人们更热情讨论的是炸肉排、烤土豆和煎蛋卷儿。

不过瓦格纳终于有了他自己的剧院——一座"临时性的"建筑，主要由木头组成，一个多世纪以后它仍然矗立在那里，俨然是一座瓦格纳戏剧愿景的纪念碑。

不用说，它财政上的亏损巨大，而且过去了整整6年才举行了第二届拜罗伊特戏剧音乐节。

它的设计依据的是古希腊的圆形剧场,相对于当时很常见的马蹄形带几层包厢的大会堂。它反映了瓦格纳的剧院理想:与其说它是娱乐场所,不如说它是举行宗教活动的场所。

观众不分等级地平等坐在一个扇面形状的看台上。等灯光渐暗下去后,各个出入口都被锁上(场外有消防车以备紧急情况之需),以防干扰破坏。

这座剧院现在陷入一片黑暗——因为乐池在舞台下面挖得很深,而且被一个罩子遮蔽着,以便(a)阻止管弦乐队之声淹没歌手们的演唱,(b)让管弦乐队深藏不露。

我们把这一现象称为"神秘深渊",因为其任务是把现实世界同理想天地区分开来。

这里面有一个透视上的花活儿：凭借着观众席两侧的各一溜儿虚幻的舞台柱子，一个双重舞台仿佛朝着观众延伸过来。瓦格纳的意图是……

让观众有一种既远离舞台上正在发生的事件、又近距离清晰观看它们的感觉；有一种既置身事外又参与其中的感觉。其效果就是：舞台上的角色形象仿佛更高大了，而且像是

超 人 !

从纯粹人性化的角度来看，拜罗伊特节日剧院还很不完美。它并不是为了舒适而设计的：座位很硬（看你还敢不敢睡觉），温度也闷热得让人窒息。由于长时间直挺挺地坐在坚硬的座位上直至门开，时有观众晕倒甚至死亡的事情发生。

事实证明，拜罗伊特对现代剧院的组织产生了巨大的影响，它向表演理念注入了一种神圣的目标严肃性，并为音乐的戏剧化制定了新的标准。

不过，观众在拜罗伊特实际看到的，日后却成了一场旷日持久的争议。瓦格纳为《尼伯龙根的指环》系列歌剧的上演提供了专门、丰富和详尽的指导，并展望了那些洋洋大观的事件的具体展现（却又对如何做到它们不加以实际讲解）。《尼伯龙根的指环》系列始于莱茵少女们在水下游泳，结束于洪水和大火接踵而至。其间……

毫不奇怪，瓦格纳对头两联歌剧看上去的样子很不满意。但是他支持一种自然主义的处理。在他去世后，取得拜罗伊特控制权的柯西玛也支持这样。

事实上，她使瓦格纳的那一套变得陈腐僵化起来，让它成为例行公事：女武神们穿着盔甲吹着号角天马行空，"蓬头须面"、披盔戴甲的齐格弗里德们跳跃穿过林中空地等场面现在看来很滑稽。

齐格弗里德和一头熊较量，并且大战一条龙，

布伦希尔德骑着她的马冲进一堆熊熊燃烧的柴堆，

《尼伯龙根的指环》1876年在这里演出了。由此看来，在舞台布景和上演方面，已经没有更多可发掘的地方了。

噗哟！

演出该剧，唯一可行的方式就是理夏德的方式！

直到柯西玛1930年去世,《尼伯龙根的指环》一直基本保持原样。1930年后,瓦格纳在英国出生的儿媳**威妮弗雷德**(1897—1980)接管了权力,并和前任一样顽固不化、拒绝改革。威妮弗雷德·威廉姆斯在1915年嫁给了瓦格纳的儿子齐格弗里德,事后证明她是瓦格纳后代中的铁杆儿纳粹分子(和瓦格纳的女婿休斯顿·斯图亚特·张伯伦一样,此人也是在英国出生的!)。

当希特勒还只是个带有政治野心的无名瓦格纳狂热拥趸时,她就和希特勒交上了朋友。她目睹了他1923年慕尼黑啤酒馆暴动的失败,还给他提供了他从不会有的替代性家庭环境。她的两个孩子,威兰德和沃尔夫冈,从小叫着希特勒"沃尔夫叔叔"长大。

作为回报,希特勒把拜罗伊特当作圣地供奉起来,将其视为纳粹的文化圣殿,并把瓦格纳的音乐确立为第三帝国的国乐。

这一切至第二次世界大战结束并没有给瓦格纳带来任何荣耀和好处。

从1945年至1951年,拜罗伊特节日剧院被盟军关闭,经过了一段"消毒(净化,除污)"时期。

等拜罗伊特剧院重新开门时，**威兰德·瓦格纳**（1917—1966）是它的负责人，并着力把它从过去中"救赎"——借用瓦格纳主义的一个术语——出来。在瓦格纳歌剧的表演上，新方法与旧风格明显不同。

过去的那种北欧英雄传说式的装饰不搞了——那些护胸甲呀，腹甲呀，熊皮呀，下垂的紧身服，以及任何让人把《尼伯龙根的指环》当成日耳曼民族颂歌的东西都不见了……

取而代之的是简朴甚至光秃秃的舞台背景、道具服装等，以灯光的投射为基础。威兰德要让《尼伯龙根的指环》成为普世的全人类的财富。

威兰德为自己的改革进行辩护,他首先引用了瓦格纳关于歌剧的名言……

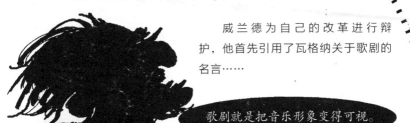

歌剧就是把音乐形象变得可视。

然后威兰德解释道,他爷爷所说的可视性其实专指心理景象或脑海形象,而不是实际上的要求!也就是说,想象一下即可,不一定要实现。

作为现代最具影响力的舞台导演之一,威兰德·瓦格纳核准了一种新型的、未来主义的《尼伯龙根的指环》的演出方法(不仅《尼伯龙根的指环》,还涵盖大多数他祖父的作品)。他的新方法在很大程度上确定了《尼伯龙根的指环》在后来世人眼中的形象。

但不一定讨狂热瓦格纳粉丝们的喜欢喽。

在过去的半个世纪里，舞台导演们大致提供了以下几种《尼伯龙根的指环》的演绎方法：

*抽象精神分析版《尼伯龙根的指环》
（绝对是威兰德·瓦格纳一派的演绎方法）

*(《圣经》)启示录（末日审判）版的《尼伯龙根的指环》
（防空洞，狂轰滥炸，核爆炸后的瓦砾废墟）

*战争罪行版的《尼伯龙根的指环》
（德国特色，充斥纳粹的万字符）

* 太空时代胡打乱闹版《尼伯龙根的指环》

（卡通风格，电影《星际迷航》式的服装道具）

* 反资本主义的政治版《尼伯龙根的指环》

（男用晚间便服和皮革沙发椅）

法国导演帕特里斯·谢罗1976年在拜罗伊特音乐戏剧节上导演的《尼伯龙根的指环》百年版演出，把布伦希尔德变成了一个高等（贵族）恐怖分子，因不满父母的压迫而奋起抗争。这一版一时间引起很多议论。

或许，最先锋派的制作当属"天真无邪版"的《尼伯龙根的指环》，这一版复兴了19世纪拜罗伊特的那种北欧神话的写实主义，完整复原熊皮、下垂紧身衣和粘贴上去的大辫子等。但这种纯真版的演绎迄今可能是最不成功的，也是最让人觉得荒诞不经的。原汁原味的《尼伯龙根的指环》，就像许多伟大的艺术品那样，包含"九天揽月，五洋捉鳖"这样不靠谱的浪漫成分。

没有退路，只能勇往直前。正如瓦格纳本人对后来的演绎者们说的那样……

孩子们，玩出点儿新花样来。

《尼伯龙根的指环》可能是瓦格纳最伟大的成就,但还不是他最后的成就。最具挑衅性和成问题的瓦格纳乐剧还有待诞生——这部歌剧被尼采,这位先是瓦格纳信徒、后是瓦格纳死敌的伟人,称为……

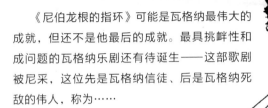

> 对伦理道德的一次施暴!

《帕西法尔》

它是一部令人兴奋、使人陶醉的歌剧,是对拜物教(物神崇拜宗教)的一桶世纪末陈酿,充斥着种族优越、德意志至高无上和性。瓦格纳声称,他早在1857年的耶稣受难日就已经想好了这部歌剧的景象,但直到19世纪70年代后期才写出了它的脚本和音乐。

《帕西法尔》起源于13世纪的一部德国浪漫传奇,讲的是一个由好战的僧侣组成的兄弟会守卫基督教的遗物圣杯(它是耶稣基督在最后的晚餐上使用过的那个圣杯)和圣矛(它在耶稣被钉死在十字架上时刺穿了耶稣的肋部)的故事。

被排除在这个兄弟会之外的是个叫克林索尔的魔法师,他要报复对他的拒斥……

在被勾引的过程中,安佛达斯丢失了的圣矛被克林索尔得到,并受了治愈不了的伤。

只有一个有过苦难经历并因同情而获得智慧的纯洁愚者能救赎我。

帕西法尔是个寻求冒险的青年，他就是那个纯洁的愚者，一个同情安佛达斯苦难的天真无邪青年。他抵御住了昆德丽的诱惑，后者试图用谎称是他母亲的办法勾引他（非常典型的瓦格纳特色）。

帕西法尔重获圣矛,并在耶稣受难日那天把它还给兄弟会的教堂,他在那儿治疗安佛达斯的伤口,给极为懊悔的昆德丽施行洗礼,并亲自主持了圣杯的典礼。

昆德丽最终被从罪恶中救赎出来,倒地而死。

幕 落

像《尼伯龙根的指环》一样,《帕西法尔》也没法进行定于一尊的诠释。从某种意[义]上讲,《帕西法尔》是一个性禁欲主义和苦行、弃绝的寓言故事,是一段芝麻开门式的[救]赎故事,也是对《特里斯坦与伊索尔德》的一个回击,与"特里斯坦"启示的正好相反[。]

《帕西法尔》似乎也是一部基督教艺术[杰]作,是一部充斥着19世纪晚期神经官能症[的]中世纪神秘戏剧作品。

但是瓦格纳与基督教的关系不好理解。他对基督教的意象和比喻一向很感兴趣,充分体现在《汤豪舍》和《罗恩格林》里。他还曾草拟过一部五幕歌剧,打算起名为《拿撒勒的耶稣》。但它不过是许多同类作品中的一员,把原始资料随意拼凑,并没出类拔萃。

《帕西法尔》的真正根源再次来自叔本华，而叔本华的雅利安人基督教校准的是佛教而不是犹太教，佛教核心理想的慈悲怜悯与放弃都是非犹太人——而不是犹太人——所拥有的品质。正是凭借这些品质，帕西法尔才治好了安佛达斯和兄弟会的病。

根据某些诠释者的说法，兄弟会代表了真正的雅利安基督教，但这种基督教受到了虚伪的犹太基督教（以克林索尔为代表）的破坏。昆德丽则是这两者之间的一个沟通渠道（她被瓦格纳描写成流浪的犹太人的一个化身），它必须被认领和消声。

无论瓦格纳想表达什么意思,他显然赋予了《帕西法尔》神圣的意义。它被定名为一部"舞台 – 节日 – 祝圣 – 剧"。作为其神圣性的光环或气场的一部分,它的演出在其后 30 年里被法律条文局限在拜罗伊特——这意味着柯西玛要在未来 30 年的时间里挑战、瓦解、阻止并且最起码谴责那些海盗制作(盗版演出)。

作为瓦格纳一生中的结局性讽刺之一,这部最具雅利安性质的瓦格纳作品的首演(1882年7月)竟然是由一位犹太指挥家(赫尔曼·列维,一位犹太教拉比的儿子)指挥的,此外,道具布景设计师和舞台经理也都是犹太人。对此瓦格纳强烈反对,但他已把自己全部作品的版权都卖给了路德维希,以换取后者替他偿还拜罗伊特堆积如山的债务,因此他反对也没用。尤其伤口撒盐的是,路德维希还爱上了一位年轻的犹太男演员。

1886年,巴伐利亚国王路德维希二世被官方宣布已经疯掉,并被废黜。

五天后,他被人发现淹死在慕尼黑郊外的施塔恩贝格湖里。

在湖中他淹死的地方,竖起了一座十字架以资纪念。

7个月后,瓦格纳在威尼斯。

1883年2月13日早上,他和柯西玛因为一个名叫佳丽·普林格勒的卖花女吵了一架。

当天下午,在床上,他正写着一篇散文——《**人类的永恒女性**》——的时候,突发心脏病去世。

关于卖花女,你懂什么?!

瓦格纳的生活和创作中有那么多的东西似乎都很令人讨厌,致使他作为一个艺术家的伟大性理所当然地在文字里大打折扣。不过,**真正算数的还是直接体验他的音乐**,超越逻辑和理性地直接感受它的灵魂。瓦格纳的强大和虚弱共存一体,但他的优缺点都是促进他实施雄心抱负的强大推动力,且这勃勃野心想法单一而赤裸裸——最大规模地完成他的各项史诗工程。

他也许时不时地显得疯狂,但这是一种由伟大天才驱动的疯狂,它使命清晰、不顾一切、克服万难、一往无前。

他颠覆了歌剧世界，撕开传统的歌剧旧衣创造了一种新型艺术品，一种交响乐戏剧，这种综合艺术体要求……

* 一种新型的歌唱者

（瓦格纳乐剧的歌声雄浑、厚实、庞大，具有远比莫扎特歌剧咏叹调所需人声强大得多的持久力）

* 一种新型的扩充型乐队

（加进一些新乐器，如瓦格纳大号、低音大管、低音小号，这些在以前的歌剧舞台乐池里闻所未闻）

*一种上演瓦格纳乐剧的新型剧院

（拜罗伊特的节日剧院深刻影响了现代剧院的设计理念，它以声音力学和物理学为基础，而不是传统剧院的华丽装潢和舒适度）

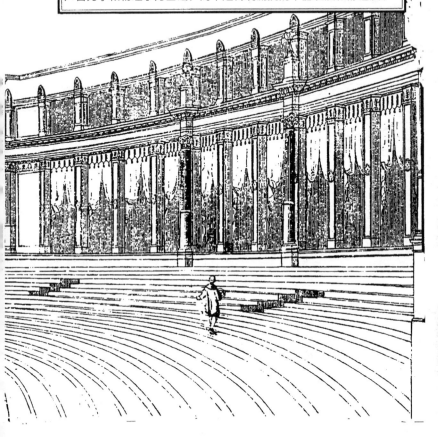

*一种新型的音乐

（瓦格纳把传统和声和调性扩展延伸到临界点，从而给一种新音乐指明了方向。这一方向首先体现在安东·布鲁克纳和古斯塔夫·马勒的交响曲里，然后体现在现代表现主义音乐和阿尔班·贝尔格、阿诺德·勋伯格以及安东·冯·威伯恩的无调性音乐里）

在许多听众以及 20 世纪初受瓦格纳启发灵感的作曲家看来,瓦格纳就是现代音乐的鼻祖。但在另一些人看来(比如评论家爱德华·汉斯利克),瓦格纳的极尽过度使他成为一个终结性——而不是一个开创性——的人物……

> 瓦格纳的艺术只认最高级(或极致),而最高级(极致)是没有前途的。它是终结,不是开端……
> 当艺术进入极尽奢华时期后,它就走下坡路了。

但是,瓦格纳艺术的力量是如此之强大,以至于它总是有可能超越他的个人和思想而持续施威,并仅靠其音乐就仍能迷住和俘获人心,正如尼采说的……

> 我宣布,瓦格纳是我生命最大的恩人。

许多犹太人都成了瓦格纳主义者,他们是瓦格纳思想的牺牲品,但仍然热爱瓦格纳音乐。马勒和勋伯格只是其中两例。还有大批听众断然宣称自己不喜欢瓦格纳的音乐,但却一直被它迷得神魂颠倒,其中有克洛德·德彪西……

> 那个老毒贩!

事实上,瓦格纳之毒像他所有其他的品质那样,是利弊兼有或矛盾一体的。作曲家保罗·欣德米特(1895—1963)就看出了它的用处……

> 直到 19 世纪与 20 世纪之交,展现在《特里斯坦与伊索尔德》中的新音乐的轮廓才开始变得清晰起来。对此,旧音乐的反应如同人体对打预防针注射疫苗的反应一样,起先都是努力排斥,然后才学会接受它,视其为有必要甚至有益健康。

啥？瓦格纳的东西……有益健康？

如果想赶时髦的话，您必定会很负面地提到《尼伯龙根的指环》中的邪恶机制，它所体现的条顿精神——虽然这部四联歌剧整体都要表明的是：即使是众神，也做不到既打破协定又不使整个宇宙在它们耳边轰然崩塌……

我始终看不出来，希特勒能从中得到什么激励。我怎么看怎么觉得，这不可能啊。
（埃德蒙德·克里斯平[1]《天鹅之歌》）

[1] 1921—1978，英国犯罪小说作家和作曲家。——译者

幕 落！

瓦格纳年表

1813 威廉·理夏德·瓦格纳于 5 月 22 日出生在莱比锡。

1814 他母亲约翰娜·罗西娜同路德维希·盖耶尔结婚,全家移居德累斯顿。

1821 路德维希·盖耶尔去世后,瓦格纳与他继父的兄弟卡尔寄宿在埃斯勒本。

1822—1826 以威廉·理夏德·盖耶尔之名就读德累斯顿的十字架学校,对古代神话和音乐表现出兴趣。他母亲和几个姐妹移居布拉格时,他留在了德累斯顿。他姐姐罗萨莉在那里开始了舞台生涯。

1828 与他家人在莱比锡重聚之后,他就读于尼柯莱文科中学,再次确定了"瓦格纳"这个名字。师从克里斯蒂安·戈特利普·穆勒学习作曲。

1830 离开尼柯莱文科中学之后,瓦格纳就读于莱比锡的托马斯学校。

1831 在莱比锡大学学了一段时间音乐。师从托马斯学校的合唱指挥克里斯蒂安·泰奥多尔·魏因利希学习作曲。

1832 同时创作多部作品,包括第一部歌剧《婚礼》,后来它半途而废。去维也纳和布拉格旅行,他的《C 大调交响曲》在那里演出,然后回到莱比锡。

1833 开始创作他第一部完成的歌剧《仙女》。《C 大调交响曲》在莱比锡演出。受雇担任符尔茨堡剧院的合唱队指挥。

1834 完成了《仙女》的创作。卸任他在符尔茨堡的职务,返回莱比锡。在莱比锡他开始创作下一部歌剧《爱情的禁令》。在担任劳赫施塔特一个流动剧团的音乐指导期间,他邂逅了女演员明娜·普拉纳。他被任命为马格德堡剧院的音乐指导。

1836《爱情的禁令》完成,在马格德堡首演。去柯尼斯堡找工作,并和正在那里演出的明娜·普拉纳结婚。

1837 获得柯尼斯堡剧院音乐指导一职。开始写作《黎恩济》的歌剧脚本。为躲避债主逃到里加,在那里担任乐队指挥,明娜赶来和他团聚。

1838 完成脚本,开始创作歌剧《黎恩济》的音乐。在里加成功举办了系列音乐会,指挥演出了数首他自己的作品。

1839 从指挥岗位上被解雇,债主们又追踪而至。带着明娜和他们的纽芬兰犬罗博越过边境逃进俄国,并且坐船去伦敦。在伦敦短暂逗留后去了法国,在巴黎安了家。第一次遇见贾科莫·梅耶贝尔。

1840 欠债迫使瓦格纳从事音乐雇用(打杂)工作和新闻工作,但他还是设法完成了《黎恩济》的创作。和弗朗茨·李斯特第一次会面。

1841 在梅耶贝尔的推荐下,德累斯顿歌剧院接受了《黎恩济》。完成了《漂泊的荷兰人》。

1842 离开巴黎赴德累斯顿,并去莱比锡看望家人。开始创作《汤豪舍》。《黎恩济》在德累斯顿的首演取得巨大成功。

1843 在德累斯顿指导《漂泊的荷兰人》的首演。被任命为德累斯顿宫廷歌剧院的指挥。

1845《汤豪舍》完成,并在瓦格纳指挥下在德累斯顿宫廷剧院演出。开始创作《纽伦堡的名歌手》和《罗恩格林》。

1846 第一次和汉斯·冯·彪罗会面。从德累斯顿歌剧院院方收到大批款项,使他得以还债。

1848 瓦格纳的母亲去世,享年74岁。完成《罗恩格林》,开始创作《尼伯龙根的指环》和《众神的黄昏》的脚本。

1849 参加德累斯顿起义,被迫流亡,先去了魏玛李斯特那里,然后流亡到瑞士,明娜最终在那里同他会合。写作文章《未来的艺术作品》和《艺术与革命》。

1850 在波尔多与杰茜·洛索闹出的绯闻,结束于他回到苏黎世明娜的怀抱。他的散文《音乐中的犹太主义》匿名发表。在魏玛,李斯特制作并首演了《罗恩格林》,流亡中的瓦格纳不能出席演出。

1851 写作《歌剧与戏剧》和自传性质的《与我的朋友们沟通交流》。完成了第一版为《齐格弗里德》创作的韵文剧词。

1852 结识奥托和玛蒂尔德·威森唐克夫妇。完成了第一版为《女武神》和《莱茵的黄金》创作的诗歌。在苏黎世向朋友们朗读《尼伯龙根的指环》的全部四部韵文剧词。

1853 为玛蒂尔德·威森唐克创作了一首波尔卡和一首钢琴奏鸣曲。开始给《莱茵的黄金》谱曲。在巴黎第一次见到李斯特当时只有16岁的女儿柯西玛。

1854 开始给《女武神》谱曲,完成了《莱茵的黄金》的创作。

1855 去伦敦旅行,在那里指挥了 8 场音乐会,受到公众欢迎,但不受音乐评论家们好评。

1856 完成了《女武神》的创作。其第一幕在李斯特的生日那天私下演出,由李斯特弹钢琴伴奏,瓦格纳同时唱好几个角色。开始创作《齐格弗里德》的音乐。

1857 搬进苏黎世近郊威森唐克房地产上的阿絮尔别墅。汉斯·冯·彪罗和柯西玛·李斯特结婚,并和瓦格纳夫妇共度了部分蜜月。完成了第一版的《特里斯坦与伊索尔德》的剧词,并交给了他爱上的玛蒂尔德·威森唐克。开始为《特里斯坦与伊索尔德》谱曲。另谱写了一个声乐套曲,歌词是玛蒂尔德写的诗歌。他俩的私情给他的婚姻造成越来越多的紧张,并导致他和明娜分居,后者离开他去了德国。瓦格纳则去了日内瓦和威尼斯,在那里继续创作《特里斯坦与伊索尔德》。

1859 旅行去米兰和卢塞恩,在那里拜访了几次威森唐克夫妇之后,他完成了《特里斯坦与伊索尔德》的创作。为了促成《汤豪舍》的上演,瓦格纳去了巴黎,明娜在那里与他会合。他指挥了三场自己歌剧的音乐会,出席者中有柏辽兹、梅耶贝尔、奥伯和古诺。在得到部分特赦后,他旅行穿过德国,最终和明娜返回巴黎。写作散文《未来的音乐》,开始在巴黎歌剧院排练《汤豪舍》。演了三场之后,他撤下了这部歌剧,因为它受到了冷遇和敌视。去维也纳出席《罗恩格林》的演出,受到观众的欢呼喝彩。

1862 移居比布里希,在那里明娜和他短暂会合。萨克森国王给予他完全特赦。恢复《纽伦堡的名歌手》的创作。汉斯·冯·彪罗和柯西玛·冯·彪罗夫妇来看望他。在法兰克福第一次指挥《罗恩格林》。去德累斯顿看望明娜,他们夫妇俩最终分手。

1863 巡访奥匈帝国、德国和俄国主要城市,成功指挥了一系列音乐会。移居维也纳附近的彭青。对新家进行极尽豪华奢侈的装修。在一次去柏林访问彪罗夫妇期间,他和柯西玛海誓山盟私订终身。

1864 又被债主追债,但通过拜见并结交新近加冕的巴伐利亚国王路德维希二世而免遭牢狱之灾,后者不仅替他还清了全部欠债,还向他提供了俸禄和住宅。路德维希国王还委托他创作《尼伯龙根的指环》，并且任命汉斯·冯·彪罗为宫廷钢琴家。瓦格纳在慕尼黑为路德维希国王指挥了《漂泊的荷兰人》的首演。

1865 柯西玛和瓦格纳的第一个私生女在4月出生，取名伊索尔德。《特里斯坦与伊索尔德》由彪罗指挥，在路德维希国王面前举行了首演，获得成功，受到公众欢迎，但没获报界好评。评论家们对瓦格纳的攻击迫使路德维希建议他离开慕尼黑，于是他移居瑞士。

1866 明娜·瓦格纳1月在德累斯顿去世。在路德维希国王的资助下，瓦格纳搬进卢塞恩湖畔的特里布申，汉斯·冯·彪罗和柯西玛·冯·彪罗去那里拜访他，单独去或者一起去。路德维希国王也去那里看望他。创作《纽伦堡的名歌手》。

1867 瓦格纳和柯西玛的第二个私生子在2月出生。汉斯·冯·彪罗被任命为宫廷指挥和皇家音乐学校的校长。瓦格纳完成了《纽伦堡的名歌手》的创作，并把总谱作为圣诞礼物送给路德维希。

1868《纽伦堡的名歌手》在慕尼黑举行首演，由彪罗指挥，路德维希国王由瓦格纳陪同出席首演式。尼采和瓦格纳第一次见面了。经过在她丈夫和瓦格纳之间多次游走，柯西玛和她的孩子们最终定居在特里布申。瓦格纳把《黎恩济》的总谱送给路德维希作为圣诞礼物。

1869 过了12年后恢复对《齐格弗里德》的创作。柯西玛开始写他们共同生活的日记，并在6月生出了他们的第三个孩子齐格弗里德。尼采第一次访问特里布申。路德维希不顾瓦格纳反对把四联歌剧《尼伯龙根的指环》拆开演，命令举行其中的《莱茵的黄金》的首演。开始为《众神的黄昏》谱曲。

1870 路德维希再次不顾瓦格纳的抗议，命令举行《女武神》的首演。柯西玛在7月与汉斯·冯·彪罗离婚，在8月便与瓦格纳结婚。创作了《齐格弗里德牧歌》，于柯西玛33岁生日那天在特里布申演出。

1871 完成了《齐格弗里德》。在柏林德国皇帝面前指挥音乐会。计划在拜罗伊特建造他自己的剧院，为此市政府特批了土地。

1872 移居拜罗伊特。为剧院奠基，在奠基仪式上指挥演出了贝多芬的《第九交响曲》。李斯特访问了拜罗伊特。

1873 在柏林给朋友和赞助人朗读《众神的黄昏》的剧词韵文,并在那里指挥多场音乐会。在汉堡和科隆指挥音乐会。布鲁克纳访问了拜罗伊特,并把他的《第三交响曲》题献给了瓦格纳。

1874 在经历了资金短缺之后,路德维希为拜罗伊特节日剧院的建设提供了资金支持。瓦格纳一家搬进了在拜罗伊特的新房子——旺弗里德别墅。在指挥家汉斯·李希特的主持下,第一拨歌手开始排练《尼伯龙根的指环》序列,该四联歌剧随着瓦格纳完成《众神的黄昏》的谱曲,从启动到完成历经 26 年,最终竣工。

1875 在拜罗伊特节日剧院建设基金的支持下,瓦格纳在维也纳、布达佩斯和柏林指挥了多场音乐会的演出。在维也纳制作并出席了《汤豪舍》和《罗恩格林》的演出,由李希特指挥。

1876 在拜罗伊特资金的支持下,《特里斯坦与伊索尔德》在维也纳上演。在拜罗伊特,《尼伯龙根的指环》系列密集排练,路德维希国王出席了总彩排。最终《尼伯龙根的指环》序列歌剧在拜罗伊特节日剧院首演,多国贵族政要及其他主要作曲家出席,瓦格纳和柯西玛对其艺术上的成功欢欣鼓舞,但其财政上的失败给他们泼了一桶冷水。

1877 由于财政上入不敷出,《尼伯龙根的指环》在节日剧院进一步的演出计划搁浅。瓦格纳继续创作《帕西法尔》。在伦敦指挥了 8 场音乐会,在温莎受到维多利亚女王的接见。返回德国,在海德堡给朋友们朗读《帕西法尔》的剧词。

1878 尼采和瓦格纳决裂。在旺弗里德指挥了《帕西法尔前奏曲》的首次私下演出。

1879 继续创作《帕西法尔》的音乐。节日剧院 1880 年度的演出计划面临财政风险。

1880 瓦格纳一家在意大利度过大部分时光。路德维希把他的宫廷管弦乐队和歌剧合唱队置于瓦格纳的掌管之下,用于下一届的拜罗伊特瓦格纳音乐戏剧节。在瓦格纳与路德维希的最后一次会见中,瓦格纳在慕尼黑专门为路德维希指挥演奏了一次《帕西法尔前奏曲》。继续创作《帕西法尔》。

1881 瓦格纳和柯西玛在柏林出席了《尼伯龙根的指环》的首演。患病推迟了《帕西法尔》的完成。从1881年末到1882年初，瓦格纳一家待在意大利。

1882 1月在帕勒莫完成了《帕西法尔》。5月回到拜罗伊特参加《帕西法尔》在节日剧院的排练。赫尔曼·列维和弗朗茨·费舍尔指挥了16场《帕西法尔》的演出，瓦格纳指挥了最后一场演出中的最后一幕。

1883 瓦格纳在2月13日去世，在2月18日被葬在旺弗里德的土地上。

1884—1906 柯西玛继续担任拜罗伊特节日剧院的院长。

延伸阅读

参考书目

John Culshaw, ***Reflections on Wagner's Ring*** (New York and London, 1976). 简短、可读性强的散文集（最初为广播谈话）。作者是 Decca 公司录制索尔蒂版《尼伯龙根的指环》系列的唱片制作人。

Robert Donington, ***Wagner's Ring and Its Symbols*** (London and New York, 1963). 心理学的分析：充满智慧的荣格式精神分析，提出的诸多问题都得到了解答，但又引导（或控制）了一代诠释者的思维。

Geoffrey Skelton (editor), ***Cosima Wagner's Diaries*** (London, 1994). 单卷本的对柯西玛海量日记的编辑成果。编得精彩，读来迷人，跌宕起伏，历史带入感强。

Bryan Magee, ***Aspects of Wagner*** (London, 1968). 薄薄一本，却是一本现代经典：条理清晰，言简意赅，对瓦格纳思维的分析，是同类题材的经典之作。

Barry Millington (editor), ***The Wagner Compendium*** (London, 1992). 一本大部头、百科全书式的瓦格纳参考书，以其包罗万象、组织严密而又简单实用给人留下深刻印象。

Ernest Newman, ***The Life of Richard Wagner*** (London, 1947). 四卷本的皇皇巨著，全面透彻，在当时具有《圣经》般的权威性。狂热推崇的同时又不失循循善诱。

Ernest Newman, ***Wagner Nights*** (London, 1949; New York, 1950). 对瓦格纳的主要歌剧逐一进行详述：背景，内容，意义，明喻暗示……是瓦格纳爱好者们必不可少的案头书。

Andrew Porter (translator), ***The Ring of the Nibelungs*** (London, 1976). 对瓦格纳《尼伯龙根的指环》剧本的目前最佳译本，虽然现在遇到了来自 Stewart Spencer 和 Barry Millington 的强大挑战、竞争，后两者的翻译很学术化，并有更新的研究发现（London, 1993）。

George Bernard Shaw, *The Perfect Wagnerite* (London, 1898). 一本兜售强大政治纲领的某一时代性经典。要以质疑的欣赏读之。

Frederic Spotts, *Bayreuth: A History of the Festival* (New York and London, 1994). 文笔优美，插图精良，装帧精美，在激情与冷静、深陷与超然之间取得了很好的平衡，较客观公正地评述了这件饱受争议的事。

Wolfgang Wagner, *Acts* (London, 1994). 作曲家瓦格纳之孙写的一本家人的回顾。很有意思，但千万别信。

唱片目录

《漂泊的荷兰人》，克里斯托弗·冯·多南依指挥维也纳爱乐乐团，Decca 公司录制，是近年来最强大的录音，希尔德加德·贝伦丝饰演的仙妲十分投入。

《罗恩格林》，乔治·索尔蒂指挥维也纳爱乐乐团，Decca 公司录制，由卓越的普拉西多·多明戈和杰茜耶·诺曼担任独唱。

《纽伦堡的名歌手》，沃尔夫冈·萨瓦利施指挥巴伐利亚国家管弦乐团，EMI 公司录制。应该是现当代最好的录音，本·海普纳饰演的瓦尔特无人能超越。

《帕西法尔》，赫伯特·冯·卡拉扬指挥柏林爱乐乐团，德国唱片公司录制（1980 年版，彼得·霍夫曼饰演主角）。这个一直是值得推荐的版本。另一个值得推荐的版本是最近由多明戈和诺曼担任主角、由詹姆斯·莱文指挥的版本，也由 DG 公司录制。

《汤豪舍》，此歌剧最佳音效的录音大多使用的是这部歌剧总谱的巴黎版本。其中，朱塞佩·西诺波利指挥的 DG 公司（德国唱片公司）版具有优势，其独唱演员包括多明戈和阿格妮丝·巴尔特萨（饰演维纳斯）。

《特里斯坦与伊索尔德》，乔治·索尔蒂指挥维也纳爱乐乐团，Decca 公司录制，伟大的瓦格纳乐剧女高音波吉特·尼尔松饰演伊索尔德。还可以听更近期的 Teldec 公司录制的版本，指挥丹尼尔·巴伦博伊姆，由瓦尔特劳德·迈耶和齐格弗里德·耶路撒冷饰演主要角色。

《尼伯龙根的指环》，乔治·索尔蒂指挥维也纳爱乐乐团，Decca 录制。

索尔蒂指挥该乐团为 Decca 唱片公司录制的一套《尼伯龙根的指环》完整系列唱片（1959—1965）是录音史上的一座里程碑，并且至今仍是个伟大的版本。该版本演出阵容强大到令人晕厥：波吉特·尼尔松饰演布伦希尔德；还有其他巨星如汉斯·霍特尔、沃尔夫冈·温德加森、琼·萨瑟兰、迪特里希·费舍尔-迪斯考等人，饰演其他角色。已退休的传奇人物吉尔丝顿·弗拉格施塔特复出饰演弗丽卡。还有一个更新近的版本可以选择：由丹尼尔·巴伦博伊姆在拜罗伊特音乐戏剧节上指挥的该四联歌剧的现场录音版（Teldec 公司录制）极具感染力，并凸显了卓越的英国男低音约翰·汤姆林森所饰演的沃坦的魅力。